学校・学級が変わる！

はじめての
ポジティブ
行動支援

子どもと先生の
笑顔が輝くアプローチ

松山康成 著
Matsuyama Yasunari

明治図書

まえがき

「子どもと先生の笑顔が輝く学校・学級を
一緒につくっていきましょう」

　私たち教師は学校で様々な子どもたちと出会い，楽しみや喜びを直に感じることができる最高の現場に勤めています。しかし，子どもたちは，状況や場面によって姿を変えます。

　問題行動を繰り返したり，トラブルによって子ども同士の関係が悪化したり，学級がなんだかしんどい状況に陥ってしまう。教師をしていると，こういった子どもたちの姿を見ることは少なくありません。発達の過渡期がゆえに見られる様々な事象に対して，教師としてどう対応すればいいのかわからなくなってしまいます。そんな時に「適切な支援や指導」の方法や考え方を提供してくれるのが，ポジティブ行動支援です。

　本書では，先生のポジティブな支援・指導で子どもたちのポジティブな行動を引き出し，増やしていく「ポジティブ行動支援」について，実践をする上で大切な考え方や理論に加えて，具体的な事例を交えながら実践の方法や手順を紹介します。

　ポジティブ行動支援の特徴として，第一に「**研究によって積み上げられた知見に基づく実践**」であることが挙げられます。ポジティブ行動支援は応用行動分析学における行動を理解する基本的な枠組みである「ＡＢＣフレーム」に基づいて支援を行っていきます。子どもたちや集団の多様な行動に対する見方を提供し，ニーズに応じた**適切な支援・指導**と，それによる確実な成果を生み出します。

　第二に「**他の先生方や子どもたちと実践の方法や考え方を共有することができ，さらにともに取り組むことができる実践**」であることが挙げられます。

ABCフレームという行動に焦点を当てた，わかりやすく共有しやすい枠組みに基づいて，学級経営の中で子どもたちとともに実践に取り組んだり，委員会活動や児童会活動で子どもたちが主体となって学校全体の子どものポジティブな行動を増やす取り組みを考えたりします。また学年集団や学校全体で先生方と実践手法を共有しながら支援・指導に取り組むこともできます。本書では，この本を手に取った先生が，どのように学級で実践していくか，個別支援に生かしていくか，そして学校全体に実践を広めていくか，そのための方法や手順についても実際の実践をもとに整理しています。

　第三に，ポジティブ行動支援は「**教師としての生き方の転換を図ることができる実践**」と言えます。子どもの問題行動に着目し，その問題行動をどうにかしようとネガティブに考えてしまうのではなく，ポジティブ行動支援は子どものステキな姿に着目し，その行動を引き出し，その行動の機会を増やしていく取り組みです。**まさに"Don't"から"Do"への教師としてのスタンスの転換です。**ポジティブ行動支援に取り組むことで，先生の周りでは自然と子どもたちのポジティブな行動が増えていくことでしょう。それは学校だけではなく，日常にも広まっていきます。ポジティブ行動支援は先生や子どもたちの生活の質（Quality of Life：QOL）の向上を実現し，学校，そして社会の中で自分の行動を自分自身で整えることができる，主体的な姿を育んでいくことができます。

　さあ，子どもと先生の笑顔が輝く学校・学級をつくっていきましょう！

松山　康成

目次

1章 ポジティブ行動支援を取り入れた支援を行おう！

ポジティブ行動支援で，子どもの"ステキ"を見つける先生になろう！

2章 ポジティブ行動支援を実現する "行動のＡＢＣフレーム"

ポジティブ行動支援の基礎的な理論を理解しよう！

3章 ポジティブ行動支援を実現する 行動支援計画シート

行動支援計画シートの作り方を学ぼう！

4章　ポジティブ行動支援を実現するための 人間関係づくり

子ども同士のポジティブなつながりをつくろう！

7章 学級におけるポジティブ行動支援 実践編

学級でポジティブ行動支援に取り組もう！

8章 個別・小集団支援を実現する ポジティブ行動支援

ポジティブ行動支援による個別・小集団支援に取り組もう！

9章 学年・学校に広げる ポジティブ行動支援

学校の中でポジティブ行動支援を広めていこう！

10章 学校全体で取り組む ポジティブ行動支援の導入

学校全体でポジティブ行動支援に取り組もう！

ポジティブ行動支援を取り入れた支援を行おう！

1章

ポジティブ行動支援で，子どもの"ステキ"を見つける先生になろう！

本章のめあて

・従来の学校における教師の指導の問題とその限界を学ぶ。
・教師の"クセ"を知り，自ら修正することができる。
・子どものステキな姿を引き出す・増やす手立てを学ぶ。

今，学校現場で求められる教育

　ポジティブ行動支援を実践していく。これはまさに**これまでの教育からの転換**です。

　私自身，子ども時代は問題が多い子どもでした。問題行動を起こせば先生から強く叱責されたり，廊下に立たされたりすることもありました。問題行動が起きないように，嫌な思いをする指導を受けたこともありました。こういった経験をもって教員になりましたので，私が受けてきた教育を次世代に引き継ぐわけにはいかないという強い思いがありました。こういった私が子ども時代に受けてきた教育と，今の学校現場で求められている教育とは異なります。今は大きく分けて三つの教育が求められていると考えています。

　第一に，学びのユニバーサルデザイン（UDL）に象徴されるように，どの子もともに学び合う共生的な学校環境を実現し，子どもたちの多様性を認めつつ，**すべての子どものニーズに対して**支援を実現していくという**インクルーシブな教育**が，人権的な観点から要請されています。

　第二に昨今の報道等でも問題になっている教師の暴言や体罰などの不適切な指導を中心としたスクールハラスメントを学校から排除し，意識的かつ構造的な改善による**適切で肯定的，積極的な支援・指導**を通した，**罰に頼らな**

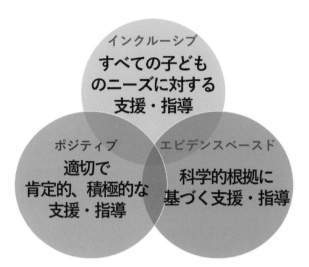

いポジティブな教育を実現することが求められています。

　第三に，このような教育や支援・指導が，教師の経験と勘と成功体験に基づいたものによって行われるのではなく，子どもたちの実態や支援の状況といった**データに基づく支援・指導**による**エビデンスベースドな教育**（科学的根拠に基づく支援・指導）によって，確実な成果を生み出していくことも求められています。

　学校現場で働いていると，目の前の子どもたちのことや校務のことで手一杯となり，こういったことを見聞きしたとしてもなかなか実践することは難しいものです。そのような状況の中で，

> 　これら三つの教育を実現するのがポジティブ行動支援であると考えています。

ポジティブ行動支援とは？

> 「ポジティブ行動支援」とは，当事者の**ポジティブな行動**（本人の
> QOL（Quality of Life：生活の質）向上や本人が価値あると考える成果
> に直結する行動）を，**ポジティブに**（罰的ではない肯定的，教育的，予
> 防的な方法で）支援するための枠組みのことです。
>
> （日本ポジティブ行動支援ネットワーク HP）

　「（子ども）本人の QOL 向上や本人が価値あると考える成果に直結する行
動」とは，教師だけが「子どもにとってポジティブな行動だ」「必要な行動
だ」と考えて支援するのではなく，子ども自身がその行動を，学校生活を送
る上でポジティブなものだと捉え，さらに自らの成長・発達の上で大切であ
るということを認識して，その大切さを子どもと教師で共有しながら支援に
取り組むことが求められるということです。

　学級での指導では，時々，教師が"大事"だと思って熱意を持って指導し
ている場合でも，その"大事"という価値が子どもたちと共有できていない
ため，子どもたちに指導が入らない，指導を受け入れてくれないということ
があります。そういったことを防ぎ，お互いが前を向いて（ポジティブに），
ポジティブな行動を増やしていきます。

> 　ポジティブ行動支援における"ポジティブ"には，「**積極的**」「**前向き**」
> 「**肯定的**」といった意味があります。

　ポジティブ行動支援は，「**積極的**」な支援を通して子どもたちの「**前向
き**」な行動が生まれる環境を整え，その行動に対して「**肯定的**」に関わりま
す。

> **参考動画：参考動画：入門シリーズ02 PBS とは（公開動画）**
> 日本ポジティブ行動支援ネットワーク公式 YouTube チャンネルより視聴できます。詳しくは p.134をご参照ください。

問題行動ばかりに目が行く先生 vs ポジティブな行動にも目が行く先生

　ある日，次の授業を始めよう
と教室に入ると，そこには右の
ような場面が見られました。

　このような場面で，どのよう
なところに目が行きますか？

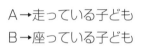

A→走っている子ども
B→座っている子ども

　多くの先生方はAに対して目が行くことことでしょう。しかしそれは教師であれば当然のことです。教室の中で走っていることによって，学級の安全が脅かされ，子どもたちがケガの危険にさらされますので，制止する必要があります。また，授業が始まる直前に自席に座らずに走り回っているというこの状況も，Aに視線が行く要因かもしれません。この後，教師から子どもに対する注意や叱責などのネガティブな関わりが起きそうです。意識していなければ，Aの走っている子にしか目が向かないかもしれません。

　では，Bについてはどうでしょうか。チャイムが鳴りはじめ，席に座っていて，その場面において適切であり望ましい行動（**ポジティブな行動**）を行っています。しかし，教師は，この行動を"**当たり前**"の行動であると思ってしまうことがあります。

　　"当たり前"と思ってしまうことによって，このポジティブな行動をしている子たちには目が行かずに，教師はその子たちに声をかけていないということがよくあるのです。

教師にとっては，頭の中では「がんばっている子に声をかけた方がいい」ということはわかっていても，実際に教室にいると色々な事象に追われてしまい，なかなか実行することは難しいものです。

> 　ポジティブ行動支援は，こういった状況に陥らないために，学校において教師が子どもたちのポジティブな行動に目が行き，ポジティブな支援を実現しやすい環境を構築する，**子どもと先生の笑顔が輝くアプローチ**なのです。

　ポジティブ行動支援のはじまりは，この「**どこに目を向けるか**」という視点にあります。子どもの問題行動ばかりに目を向けて，それに対して注意・叱責して，**その問題行動がこれから起きないようにするのか**。はたまた，

> 　子どものポジティブな行動に目を向けて，その行動を承認，称賛し，**その行動がこれからも実現するように，増えるようにするのか**。

　このように，大きな支援の方向性を変えていくのが，ポジティブ行動支援の実践者のはじまりなのです。

〈ポジティブな行動に目を向けると〉

静かに過ごせているね。
どんな勉強をしているの？
騒がしい中でもがんばってるね。
危なくなかった？

〈問題行動に目を向けると〉

なんで走ってんねん！
あぶないやろ！！
何回言うたらわかんねん。

参考動画：入門シリーズ01 PBS を初めて学ぶ皆さんへ（公開動画）
日本ポジティブ行動支援ネットワーク公式 YouTube チャンネルより視聴できます。詳しくは p.134をご参照ください。

鉄則① 問題行動に目が行きやすい自分を意識する！

　私たちはどうして問題行動に目が行きやすいのでしょうか。理由の一つに，教師による子どもの問題行動に対する**注意・叱責という指導は，結果が目に見えやすい**ということが挙げられます。注意・叱責すれば，多くの場合，子どもは問題行動をそのときは止めるでしょう。もし問題行動を止めない場合は，より強く指導する（大きな声，長い時間，恐怖を覚えさせる等の罰的な対応）ことによって，問題行動を止めるかもしれません。

> このように，教師による問題行動に対する注意・叱責は，問題行動が「そのときは」止まるという結果が得られやすく変化があるため，教師が注意や叱責といった罰的な対応に依存しやすくなってしまいます。

　一方，望ましい行動に対する声かけは，罰的な対応に比べて，すぐに子どもに大きな変化が見られないことが多いのです。だからこそ，意識してポジティブな支援・指導をすることが求められますし，学級・学校全体において，システムを構築して実践していくことが求められます。

　注意や叱責だけでは，子どもは問題行動をその場では止めただけで，何が問題であったかを学習する機会を得られず，再びその問題行動を繰り返してしまいがちです。また，

> **問題行動を注意されることが教師と関われる機会であると学習し，問題行動を繰り返してしまう**という可能性もあります。

　このようなことが継続すると，注意・叱責中心の指導に対して慣れが生じ，効果が見られなくなるため，注意や叱責はより強く，より危険で倫理的に問題のある罰的な対応に発展してしまいます。

問題行動に対して，これまで私たちが受けてきた教育では，注意・叱責などのネガティブな指導が一般的であり，私たちは人を罰することで行動をコントロールすることを学習してきてしまいました（Skinner, 1991）。確かに罰を実行すれば，子どもたちはすぐに問題行動を止めるかもしれません。しかし，罰が与えられなくなると，また問題行動は現れてしまいます。また，罰的な対応は子どもと教師の関係を悪化させ，お互いの QOL（生活の質）を低下させます。さらに子どもは，私たちがまさに学んできたように罰で人をコントロールすることを学び，罰によるフラストレーションも相まって教室の中で他者に攻撃行動をとってしまうこともあります。罰的な対応はなるべくせずに指導したいものです。しかし私たち教師は，

> 　具体的な問題行動への対応方法，予防方法というものは学ばずに教壇に立ってしまっている現状があります。

　よって，日本の学校では，体罰と言わないまでも，教師が子どもたちに対して注意・叱責を雨霰のように行っていることも珍しくありません。こういった**ネガティブな指導一辺倒では，体罰や倫理的な問題に発展する**ことは目に見えています。このような学校教育の現状に対して有効な手立てになるのが「ポジティブ行動支援」なのです。

鉄則③　ポジティブな行動を増やすことで問題行動を減らす

　では，一体どうやって子どもの問題行動を減らすというのでしょうか。ポジティブ行動支援は罰的な指導や叱責といったネガティブなアプローチではなく，**ポジティブな行動を増やすアプローチ**です。ではなぜこの真逆のアプローチによって問題行動が減少するかというと，

> 問題行動とポジティブな行動は，同時に行うことができない

からです。

　考えてみてください。授業中に走り回っている子は，同時に着席して授業を受けるということはできません。着席して授業を受ける時

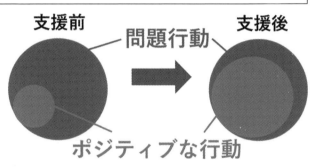

間が長くなったり，機会が増加するにつれて，**問題行動の時間や機会は減少する一方で，ポジティブな行動の時間や機会は増加していきます。**

> 　ポジティブな行動を増やしていくと，**相対的に問題行動は減っていく**ことになります。

　ポジティブ行動支援に取り組むと，子どもを見る視点が180度変わります。自然に子どもの"できている行動"に目が向いている自分自身に気づくことができます。そのような視点を持つことは，**適切な支援・指導によってポジティブな行動を増やすための基盤となります。**

鉄則④ 「当たり前」は最大の敵であることを意識する！

　できて当たり前。学校で子どもに求められる行動のほとんどがそう思われているのではないでしょうか。特に学年が上がれば上がるだけ，できて当たり前だと思ってしまうものです。

　「これくらい，できて当たり前だろう」こう考えることによって，たくさんの**子どものステキな姿が，教師によって無視されています**。当たり前だと思ってしまうことで，ポジティブに変化している子に目を向けなくなってしまいます。また，当たり前だと思ってしまうことで，問題ある行動をしている子に対して，「なんで当たり前のことなのにできないの!?」と，叱責や注意といったネガティブな関わりをしてしまいやすくなります。

> 　私たち教師は，子どもたちのその瞬間だけの姿を見るのではなく，長い時間にわたる成長を見なくてはいけません。そこで感じた子どもたちの成長を，できるだけ頻繁にその子に伝えてほしいと思います。

　子どものステキな姿があれば，「あなたは今，うまく取り組むことができている」という**メッセージをジェスチャーや言葉で伝えます**。

> 　問題ある行動や課題がある子に対しては，どうしたらその行動を改善していけるかを考えます。

鉄則⑤　子どもの実態にハードルを合わせて，子どものがんばりを見取る！

「私が担任しているあの子は，学校でがんばっている場面なんてないんだけど。いつも問題行動ばっかりで……」と思われた先生もいるのではないでしょうか。「ほめるところがない」という言葉は，学校現場でよく聞く言葉です。こういった時には，**先生が思っているハードルを一度子どもの実態に合わせて，セッティングし直してはどうでしょうか。**

p.15の例をもとに考えると，確かにチャイムが鳴っても席に座っていないこと自体は問題です。しかし，彼は教室の中にはいました。教室にいるということをまずは認めてみてはいかがでしょうか。そうすることで，「教室の中にいるのはいいことなんだけど，走り回ることはどうかな？」といった声かけや，「お！　チャイムまでに教室に入っているねー。あれ，何か用事でもあるのかな？」なんて声かけができるかもしれません。また，

　がんばりが見られない時は，次のがんばりが生まれるように声かけや合図などで支援をすることで，**がんばりきれないかもしれないけれど，がんばろうとする子どもの姿と出会える**かもしれません。

　その**がんばろうとしている姿を見取って**あげてほしいのです。がんばろうとする過程まで見守ることで，ポジティブな関わりを増やすことができる可能性は高まります。

鉄則⑥　ポジティブ行動支援は人の "行動" に焦点を当てる！

> ポジティブ行動支援においては，行動の理由を明らかにして，その理由に基づいた支援計画を立てることが目指されますが，その過程におけるアセスメントや適用される様々な技法は**応用行動分析学に基づくもの**です。
>
> （日本ポジティブ行動支援ネットワークHP）

　応用行動分析学については2章で詳しく述べますが，**ポジティブ行動支援は行動の科学に基づいた実践です。**

　ところで，学校の職員室やケース会議などの話し合いなどで次のような言葉が聞かれます。

　授業中，よく立ち歩く子に対して……，

　「あの子は，ちょっと発達的に課題があるから」

　机の上や周りに物が散らかっている子に対して……，

　「いつも注意散漫なところがあるから」

　このように子どもの問題の原因を，変化させづらい個人の内側に求めてしまうと，解決策を見出しにくくなってしまいます。ポジティブ行動支援では，

　"行動" に焦点を当てて支援・指導を行っていきます。

　なぜなら行動は，環境設定や本人の学習によって，比較的変化させやすいからです。

　「授業中に座って授業を受ける」や「物を片付ける」といった問題行動に代わる具体的かつ明確なポジティブな行動を支援していきます。

鉄則⑦ 「注意・指導」は次の「承認・称賛」の チャンス！

　時に教師が子どもの問題行動に対して注意や叱責をしてしまうこともあると思います。しかし，ポジティブ行動支援に取り組んでいると，教師として，そのような場面で以下のように考えることができます。

> 「問題行動を未然に防ぐために，私に何かできたのではないだろうか」
> 「今回のような問題行動が起きた時，私はこれまでどのように関わってきたのだろうか」

　このように，行動の原因を子ども本人ではなく，教師も含めたその子どものまわりの環境に求めるという視点を持つことが，行動支援について検討する際には重要になります。

　また，注意や叱責は「ポジティブな行動をしてほしい」「今回のような問題行動をしてほしくない」という願いから行うものです。端的にその行動を止めさせるためだけの指導をするのではなく，

> 今回のような問題行動には，どのような問題があったのか。
> 今回のような時，どのようなポジティブな行動が期待されているのか。

ということを子どもに伝えることで，その指導を次の機会のポジティブな行動が生まれるきっかけとすることができます。そうして生まれた子どもたちのステキな姿に対しては，積極的に「承認・称賛」することができます。このように，問題行動が見られたとしても，次のステキな姿へのきっかけになるような指導を心がけることで，

> 子どもとのポジティブな関わりをつくっていくことができます。

鉄則⑧　ポジティブな支援・指導が行われやすくなる学級・学校の仕組みをつくる！

　教師が子どもたちのポジティブな行動に着目し，それに対してポジティブな関わりを行っていくことが，ポジティブ行動支援の実践者の基本的なスタンスです。子どもたちにとって，教師から受容・承認されることは，

> 教師に対する安心感や信頼感に影響を及ぼします。　　　（中井・庄司, 2009）

　子どもの**教師に対する安心感や信頼感**は，**不登校やいじめ事象，または子ども自身の自尊感情や自己肯定感などにも影響を及ぼすこと**が，心理学の研究において実証されています。

　私はポジティブ行動支援と出会うまでは，子どもの"できていない行動"に着目して，注意・叱責ばかりしていました。そのような学級経営では，

> 　教師が子どもに対してネガティブな言葉や，排除するような態度をとってしまうことにより，**学級集団が排他的で攻撃的になり，いじめやケンカにつながる可能性を高めてしまいます。**

　このようなネガティブなスパイラルに陥らないために，まずは教師が主体となってポジティブ行動支援に取り組み，ポジティブなスパイラルを生み出しましょう。

　日本ポジティブ行動支援ネットワークのホームページには，ポジティブ行動支援の説明について，次のように文章が続いています。

ポジティブ行動支援は個人の行動のみを標的とするのではなく，その周囲の人々，あるいは周囲の人々を取り巻く様々な状況も分析とアプローチの対象と捉え，持続的な成果を生み出すための仕組みづくりを目指します。

ポジティブ行動支援では，子ども個人の行動だけでなく，学級環境や学校環境（例えば教室や廊下など）にもアプローチします。さらに，それらに関わる周囲の人（例えば保護者や友人関係，または教師自身など）との関係も含めた**環境との相互作用を調整する**ことを通して支援を行い，子ども本人の行動が増加・継続するような仕組みづくりを行っていきます。

鉄則⑨　ポジティブ行動支援スタートのタイミングは「新年度・新学期」

学級・学校において，ポジティブな行動が生まれやすい環境をつくっていくタイミングは，**思い立った時がまさにその時**ではあるのですが，

おすすめのタイミングは，新年度や新学期などのスタートの時です。

新しい時期は，子どもたちも気持ちを新たにがんばろうとする姿をたくさん見せてくれるものです。こういった，子どもたちがポジティブな姿を見せてくれている時こそ，ポジティブ行動支援スタートのタイミングです。

学級担任としても，ポジティブ行動支援の実践者であることを子どもたちに宣言して，どんどんステキを見つけて認めていってほしいと思います。

鉄則⑩　ポジティブ行動支援の成果を生み出す３つの要素を整える！

　ポジティブ行動支援は，「**実践**」を通して子どもたちの望ましい，ポジティブな行動を支援していきます。そして，ポジティブ行動支援の実践を学校の先生方が行いやすいようにサポートする「**システム**」を構築します。これらによって，子どものポジティブな行動と，教師のポジティブな支援・指導が実現します。しかし，ポジティブ行動支援の成果を生み出すには，これだけでは不十分です。実践が効果的であるかどうか，さらなる行動に対する支援のニーズはあるかどうか，構築したシステムが機能的かどうか，これらを確かめて意思決定していくために「**データ**」を活用します。

> 　この「実践」「システム」「データ」の３つによって，ポジティブ行動支援は確実な成果を実現します。

〇実践の例

　学級・学校全体でのポジティブ行動支援

　個別・小集団への支援

〇システムの例

　行動支援計画シート

　実践スケジュールの構築

　実践チームの結成

〇データの例

　日々の行動の記録

　授業観察の記録

　問題を明らかにするためのグラフ化

社会的コンピテンス・学業達成

成果

データ　実践

システム

意思決定に対するサポート

子どもの行動に対するサポート

教職員の行動に対するサポート

(Horner & Sugai, 2015を参考に筆者が作成)

26

鉄則⑪　多層的な支援で，すべての子どものニーズをカバーする！

ポジティブ行動支援は，

> 全体支援と同時に小集団や個別の行動的・教育的ニーズに対しても支援を行っていく多層支援であるというのも特徴です。

「ほとんどの子ができているけど，○○さんは難しいようだ」「いつもこの子たちだけ，△△ができていないな」なんていうことはありませんか？　ポジティブ行動支援は，すべての子どもに対する支援・指導（第1層支援）で効果が及ぶ子どもはおよそ8割程度と想定します。「○○しましょう」と教師が全体に声かけしても，学級にはその声かけだけでは行動の実現が難しい子がいますよね？　そういった子には，その声かけに加えて，近くに行って具体的に声かけをしたり，視覚的に示すといった付加的な支援が必要です。このように，子どものニーズに応じた行動支援を，多層的に提供していくというのが，ポジティブ行動支援の考え方です。

> ポジティブ行動支援における多層支援では，学校全体や学級全体を対象とした第1層支援によって，まずはすべての子どもに対して支援を実施します。

第１層支援に取り組むことで，その支援だけでは行動の実現が難しい子や小集団が明らかになります。その場合は，第１層支援に加えて個別・小集団に対する第２層支援を実施し，第１層支援で目標だった行動の確認や練習，行動に対するフィードバックをより頻繁に行います。さらに第１層支援と第２層支援に取り組む中でも，行動の実現が難しい，困難さを抱えるハイリスクの課題が見られる子どもに対して，第１層支援と第２層支援に加えて，問題行動の理由について詳細にアセスメントを行い，個別的な行動支援を行う第３層支援を実施します。これらにより，ポジティブ行動支援の多層支援モデルを実現します。子どもにとってはそれぞれが必要な支援を多層的に受けることができるようになります。それは**子どもたちの特別な教育的ニーズに応じる，インクルーシブ教育にも通じる考え方**といえます。

　本書では，主に通常の学級の担任による実践を想定して第２層支援までに焦点を当てています。

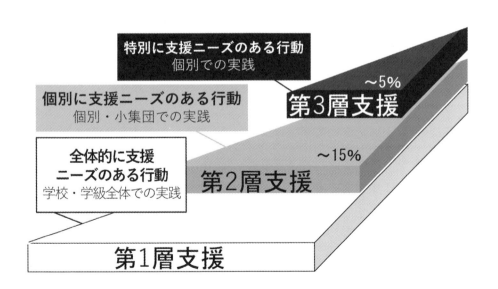

鉄則⑫　ポジティブ行動支援は特定の教育実践や How to ではない

　ポジティブ行動支援というのは，「○○することがポジティブ行動支援だ！」というような特定の教育実践を指すものではありません。また「ポジティブ行動支援は○○すべき！」といった教育実践の方法を提供するものでもありません。本書では，効果を生み出すフレームワークを構築する手順や方法は整理して示していますが，支援の実際は対象とする行動や，その環境に応じて目の前の子どものニーズに合った実践を計画していきます。ですので，気軽に実践を知りたいと思って本書を手に取った先生にとっては，期待外れになるかもしれません。しかし，

> 　実践しようとしていることは，本当にその子どものニーズに合ったものなのか。また，本当にその実践はその子にとって効果的なものなのか。

　こういった疑問を抱かずに効果的な実践を実現するのがポジティブ行動支援なのです。私たち教師は，子どもたちへの支援・指導を考えていく時に，一体何から手をつけていいのか，どういった実践を選択したらいいのか，何をもって効果と言えるのか，そういった疑問を常に持っていました。

　ポジティブ行動支援はそういった疑問を抱くことなく，目の前の子どもたちのニーズに対して有効であると考えられる環境調整や教育実践に取り組み，それらの効果を確認しながら，効果が見られない場合はアレンジしたり変更したりして，**確実な成果を生み出すフレームワークなのです。**これにより，

> 　教師も子どもたちも「やってよかった」「やってよくなった」と実感できます。

鉄則⑬　ポジティブ行動支援は手段であり目的ではない

　熱心にポジティブ行動支援に取り組むと「次はどんな行動を目標にしようか」とか，学級や学校であれもこれもと取り組みを行ってしまうことがあります。ポジティブ行動支援は，あくまでも手段であり，目的ではありません。では，学校教育の目的とは何なのでしょうか。教育基本法には，「教育は，人格の完成を目指し，平和で民主的な国家及び社会の形成者として必要な資質を備えた心身ともに健康な国民の育成を期して行われなければならない。」とあります。これはまさにポジティブ行動支援が目指すことでもあります。つまり，ポジティブ行動支援の先には，**子どもたちが主体的に社会を形成し，その社会で豊かに過ごす未来があるのです。**

　本書では，学級や個別・小集団支援，また学校全体でのポジティブ行動支援の展開方法について詳細に紹介しています。その目的は，

> 　学校において子どもたちと先生が，お互いにポジティブな行動に注目し，継続的・永続的にポジティブな関わりが実現するように，システムを構築すること

です。

　特に，本書では子どもたちが主体となった実践を実現できることを重視しています。それは，先生方が異動や退職でいなくなった学校においても，ポジティブ行動支援がその学校の文化として位置付いていくことを願っているるからです。

子どもたちが社会で豊かに過ごす未来

先生と子どもの笑顔輝く学校

ポジティブ行動支援

ポジティブ行動支援，導入のストーリー

　ポジティブ行動支援の学校への導入には，大きく分けて２つのストーリーがあります。一つは行政や教育委員会の施策，または管理職の方針としてポジティブ行動支援が学校へ導入されていくという**トップダウン型**のストーリーです。

　もう一つは学校の先生が自らポジティブ行動支援に学級経営や学年経営，個別支援で取り組み，その実践を学校全体に広げていくという**ボトムアップ型**のストーリーです。

　本書では私自身の経験を踏まえて，ボトムアップ型のストーリーに焦点を当てています。どのように学級経営や個別支援で実践していくのか，またどのように学校の先生方と実践の考え方や方法を共有していくのかについて，**学級でのポジティブ行動支援の実際やそれを実現する学級経営の在り方，また学校全体への展開方法について実際の実践に基づいて示しています。**本書は，もちろんどちらのストーリーにも，お役に立つことができるだろうと思っています。

　たくさんの方にポジティブ行動支援が広がることを願っています。

〈トップダウン型〉

教育委員会
管理職

⬇

学校全体の
ポジティブ
行動支援

⬇

学級・個別支援
ポジティブ
行動支援

〈ボトムアップ型〉

先生の
興味・関心

⬇

学級・個別支援
ポジティブ
行動支援

⬇

学校全体の
ポジティブ
行動支援

ポジティブ行動支援プラクティス

○「ポジティブ行動支援」とは何かについて整理してみましょう。

○子どもたちの行動に焦点を当てて，関わりを持ってみましょう。

○成果を生み出す３つの要素をふりかえりましょう。

○学校におけるポジティブ行動支援の在り方とは何かについて考えましょう。

ポジティブ行動支援Q＆A　1

Q　インターネットでは PBIS や PBS っていうのも見たんですけど，それらとポジティブ行動支援は何か違うのですか？

A　ポジティブ行動支援はまず，米国において1990年代に障害のある方々の行動の問題に対する「罰的・嫌悪的な方法」に反対する運動，そしてノーマライゼーションとインクルージョンの運動を契機にして PBS（Positive Behavior Support）が誕生しました（日本ポジティブ行動支援ネットワーク HP）。科学的な理論とデータに基づいて着実に成果を上げていた PBS を，個人への支援だけでなく集団に対しても導入していく，特に学校教育において活用していこうという流れの中で，PBS の実施をアメリカの法律に明文化する際に，すでに存在していた PBS（Public Broadcasting Service：アメリカ公共放送サービス）という名称との混同を避けるため，PBIS（Positive Behavioral Interventions and Supports）という名称が用いられました（大久保・辻本・庭山，2020; Dunlop ら，2014）。

　こういった背景から，日本語で実践や研究をイメージしやすい言葉として，日本ポジティブ行動支援ネットワークが「ポジティブ行動支援」という訳語を推奨し，学校や福祉現場，家族支援などの多様な領域で推進しています。

ポジティブ行動支援を実現する"行動のABCフレーム"

2章

ポジティブ行動支援の基礎的な理論を理解しよう！

本章のめあて

・ポジティブ行動支援の基盤的な理論である応用行動分析学を学ぶ。
・「行動のＡＢＣフレーム」に基づいて，行動を考えることができる。
・行動を定義し，その行動の適切な支援方法を考えることができる。

"行動のＡＢＣフレーム" とは？

　"行動のＡＢＣフレーム" とは，行動の前にどのような行動を行うきっかけや状況があるのか（**先行事象**：Antecedent），また行動（Behavior）の後にどのようなきっかけや状況があるのか（**結果事象**：Consequence）という３つのフレームのことを言います。

　この行動のＡＢＣフレームに基づいて，行動の前と後のきっかけや状況を詳細に観察・分析し，そのきっかけや状況を変容することで行動自体の変化を図っていくという学問を「応用行動分析学」と言います。

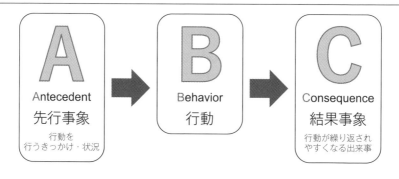

行動のＡＢＣフレームで行動を分析し改善に向かう「応用行動分析学」

　応用行動分析学とは，人の行動の原因を変化させづらいその人個人の内側に求めるのではなく，その人と環境との相互作用によって生じると捉え，それを分析することによって，行動に関する問題を解決していく学問です。

　応用行動分析学では生起している行動とその前後のきっかけや状況を含めて，なぜその行動が起きているのかということを考えます。行動が生起する条件が整っている状況，行動がスムーズに生じる状況を，「**機能している**」や「**機能的**」と言います。庭山（2018）はポジティブ行動支援の実践において応用行動分析学に基づく重要性について，

> 　応用行動分析学を学んでおくと，ポジティブ行動支援を目の前の子どもに合わせて柔軟に"調整"することができる

と指摘しています。これはまさに私自身も教師として実感したことです。私は教員になってからポジティブ行動支援と出会い，その後に応用行動分析学を学びました。それまでは，教育実践と言えば特定のプログラムや授業を実践して，その効果を明らかにしていくものでした。しかし，

> 　**ポジティブ行動支援と応用行動分析学を学ぶことで，目の前の子どものニーズに合った実践を選択できるようになります。**

　またその**実践の効果が見られない場合は，実践を再考できる**ようになります。応用行動分析学によって"**機能的・効果的**"な支援・指導ができるようになるのです。

行動を行うきっかけ・状況となる 「先行事象：Antecedent」

　行動のＡＢＣフレームについて大人にとって身近な場面で考えてみましょう。例えば私たちが買い物で立ち寄るお店には，なにかしらのそのお店を選択するきっかけがあるはずです。例えば「スマホにそのお店のアプリが入っていてポイントを利用できるから」さらには「たまたま喉が渇いて

いた時に目の前にその店があったから」など，このような「お店に行く」という**行動のきっかけや状況となるものを「先行事象」**と言います。

A Antecedent 先行事象	B Behavior 行動

スマホのアプリにポイントがたまった	→	お店に行く
喉が乾いた		

　また先行事象によって行動自体が変化することもあります。例えばいつ

テレビの特集を見た	→	いつもとは違うお店に行く

もはＡというコンビニに行っているけど，昨夜のテレビで紹介されていたＢというコンビニの「おいしいパン特集」を見たことをきっかけに「今日はＢのコンビニに行く」ということがあります。このように，

> 　行動は，「先行事象」によって生起し，「先行事象」によって生起する行動は変化する

と言えます。

　これは学校現場でもよくあることです。教室では先生の指示によって子どもたちの行動が生まれています。つまり**先生の指示は子どもたちの行動における「先行事象」**と言えます。

例えば，「机の上には筆箱と教科書とノートを出しましょう」と具体的に指示をすることによって，全員の机上が整然とした状態で授業を始められます。しかし，もし「算数の用意を出して」とだけ言うとどうなるでしょ

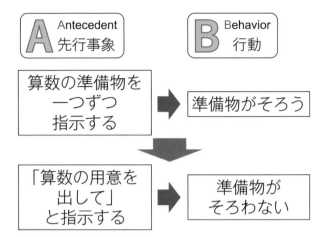

うか。計算ドリルが必要かどうか，定規は必要かどうかなどが子どもはわかりません。つまり，**先行事象によって子どもの授業の準備行動にばらつきが出るという状況が生まれます**。こうした状況では，授業中に必要なものをロッカーに取りに行ったり，または不要な物を机に出して手遊びをしてしまったりする，という状況に陥ってしまいます。こうしたことから，

子どものポジティブな行動を引き出すためには，子どもの行動の先行事象となる指示や指導を的確かつ具体的に行うことが重要です。

また，ポジティブな行動が生起しやすい「先行事象」を，**学級や学校の様々な場面に設定しておく**ということも，ポジティブ行動支援においては重要になります。子どもにとってどのような行動がポジティブなのか，望ましいのかという情報に容易にアクセスできるようにしておきましょう。

【先行事象の支援指導の例】
・教師の的確かつ具体的な指示
・ポジティブな行動を視覚的に示す掲示物
・仲間のポジティブな言葉かけ
・行動すべき時間がわかる時計・タイマー

「行動：Behavior」を具体的に定義することの大切さ

学校現場では，よく「ちゃんとしなさい！」とか，「○○しません！」という指示が聞かれます。"ちゃんと"とは，**誰の基準であり，何を実行すれば"ちゃんと"なのでしょうか**。また「○○しません」とは，どのような行動なのでしょうか。実はこれらの言葉かけは，行動を指示しているものではありません。「ちゃんとしなさい」では，何を行動すべきか指示があいまいですし，「○○しません」といった**否定語を用いた指示は，一つの行動を否定したに過ぎない**のです。

ポジティブ行動支援では，「△△の時に，○○する」と肯定的な表現で行動の具体的な内容と状況・状態を定義し，その行動に関わるすべての人と共有できることを大切にします。

行動の定義を子どもたちと共有するためには，**行動を環境との関係を含めて定義する**ことも大切です。先の例の「授業準備をする」で言えば，どのような時間・状況に行動すればいいのかを明確に指示する必要があります。

これらに留意して行動を定義することによって，行動の先行事象を明確にすることができ，同時に結果事象も具体的なものにしていくことができます。

   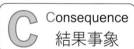

A Antecedent 先行事象	B Behavior 行動	C Consequence 結果事象
明確な先行事象	明確な行動	明確な結果事象

ついつい日ごろの指導では「ちゃんと」や「しっかり」などと包括的な言葉で指導してしまいますが，**一つ一つの行動を具体的に定義し，その行動を支援していくことは，効果的なポジティブ行動支援を実現するためにも重要なことです**。以上を整理すると行動の定義は以下の通りになります。

【悪い「行動の定義」の例】
「ちゃんと算数の用意を出す」

【いい「行動の定義」の例】
「次の算数の授業が始まるまでに，自分の机の上に筆箱と教科書とノートを出す」

行動が繰り返されやすくなる出来事である「結果事象：Consequence」

　先行事象によって生み出された「行動」は，その後に生じる「結果事象」の影響を大きく受けます。先行事象で示した買い物の例をもとに考えていきましょう。

　生活の中で"いつも行くお店"はありませんか？　例えばコンビニでは，買い物をするとポイントがたまったり，何回か行くことで「〇日までに使えるクーポン」などがもらえたりして，そのお店に行ったことによって"メリット"を得るという結果事象が生じることがあります。また，あるコンビニのチキンがとてもおいしくて，そのお店でチキンを買うことによって"おいしいチキンが食べられる"という"いい結果"が得られます。これらは行動が生起したことによって得られた「結果事象」と言えます。行動にメリットやいい結果が伴うと，そのお店に行くという**行動は増えたり維持されたりする**ことでしょう。

しかし，いつも行っているコンビニでお目当ての
チキンの販売が終わってしまっていたり，はたまた
店員さんの対応に気に食わないことなどがあった場
合，またはそういったことが続いた場合は，その行
動はどのように変化するでしょうか。きっと，その
お店に行く**行動は減ったりなくなったりする**ことで
しょう。つまり，

> 行動は，その後の「結果事象」によって，増えたり，減ったりします。

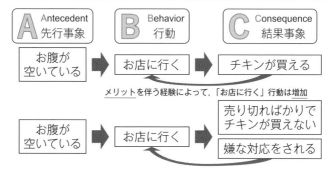

【結果事象の支援指導の例】

・できている事実をそのまま伝える。

・できていることを記録し伝える。

・何がよかったかを具体的に伝える。

・通信や連絡帳で保護者と共有する。

・スタンプやシールなど相手にとって
　価値があるものを使って伝える。

・感謝や喜びを伝え，認める。

・学級みんなに発表する。

・うなずきやジェスチャーを
　する。

・静かに近寄って称賛する。

参考動画：入門シリーズ03 行動を理解するための ABC の枠組み（公開動画）
日本ポジティブ行動支援ネットワーク公式 YouTube チャンネルより視聴できます。詳しくは p.134 をご参照ください。

応用行動分析学では，行動の結果事象によってある行動が強まったり，ある行動の頻度が増加することを「**強化**」と言います。またその反対に，結果事象によって行動が弱まったり，行動が起きにくくなることを「**弱化**」と言います。

　学校現場では行動の「結果事象」がネガティブなものだったり，そもそも"ない"場合があったりします。例えば，先生の「机の上には筆箱と教科書とノートを出しましょう」という指示によって，生起された"授業準備をする"という行動に対して，その行動の「結果事象」となる"声かけ"は行われないことがよく見受けられます。

教師からの声かけがないことによって「ノートを出す」行動は<u>起きにくくなる</u>

　この原因は教師がその行動を"当たり前"と捉えてしまうからではないでしょうか。その結果，できていた行動ができなくなっていってしまうということがよくあります。子どもたちはがんばっても認めてもらえない，声をかけてもらえない，注目してもらえないという状況では，ポジティブではない行動が増えてしまいます。それが問題行動です。ポジティブな行動をしていても教師からの関わりがないのですから，問題行動（例えば，騒ぐ・暴れるなど）を起こすことによって教師との関わりを**獲得**したり，**注目**を集めたりするのです。このような状況では，教師が子どもの問題行動に対して注意や

叱責をしても，問題行動が減少せず，むしろ子どもたちにとっては問題行動に対してメリットを伴っている状況になり，結果として問題行動が増加するというネガティブスパイラルに陥ってしまいます。

子どもたちにとって教師の注意や叱責というネガティブな関わりが「注目を得る」という**行動の機能**となってしまっていることもあるのです。

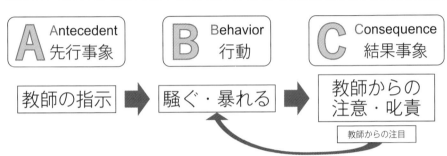

A Antecedent 先行事象　**B** Behavior 行動　**C** Consequence 結果事象

教師の指示 ➡ 騒ぐ・暴れる ➡ 教師からの注意・叱責

教師からの注目

教師からの注目によって，「騒ぐ・暴れる」行動は増加する

このような問題行動の機能には，以下のようなものがあります。

要求獲得の機能	⇒何かしてもらう，何かの機会や物を得るために，かんしゃくを起こしたり，叫んだり，駄々をこねる行動。
注目獲得の機能	⇒人から注目を集めるために，友だちとのトラブルを起こしたり，わざと何かをこぼしたり，大声を出したりする行動。
逃避実現の機能	⇒嫌なことやしなければいけないことから逃避・離脱するために，他人に迷惑なことをしたりする行動。動かなくなったりすることもある。
感覚・刺激獲得の機能	⇒落ち着くために指をしゃぶったり，爪を噛んだり，また髪の毛を触ったりして不安を紛らわしたりするための行動。

こういった問題行動の機能は，子どもが何かを獲得するために起こす行動です。ポジティブ行動支援では問題行動をしなくてもそれらが得られるような仕組みづくりを行っていきます。そのために，子どもたちのできている行動（下の例ではノートを出す）に対してポジティブな経験が伴うように環境を整えて，ポジティブな行動が増えていくように支援をしていきます。

教師からの注目によって「ノートを出す」行動は増加する

では，目の前で起きている問題行動（ノートを出さない）についてはどのように対応するのかというと，**私は問題行動に対しては注目をしないようにして，**問題行動が増えないような関わりを心がけます。

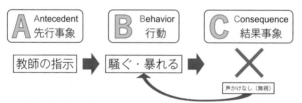

教師からの声かけがないことによって「騒ぐ・暴れる」行動は起きにくくなる

厳密に言うと，ノートを出していない子は"ちょっとおいておいて"，できている子からポジティブに声かけをしていくことで，「今，この行動が大事なんだよ」「求められている」ということを学級全体に知らせることで，ポジティブな行動が起きやすくします。そして，それでもまだノートを出していない場合は，その子の近くの行動ができている子に声かけをした上で，最後に「どうしたの？」「ノート出せるかな？」と声をかけます。

> **参考動画：入門シリーズ04 強化に基づく支援のあり方（公開動画）**
> 日本ポジティブ行動支援ネットワーク公式 YouTube チャンネルより視聴できます。詳しくは p.134をご参照ください。

行動の結果から考える「褒める」の罠
～フィードバックのすすめ～

　「子どもを褒めましょう」という言葉がよく学校現場では聞かれます。ポジティブ行動支援についても，ここまで読まれた中で「子どもを褒めればいいのね！」と思われている方も多いのではないでしょうか。

> 「褒める」というのは，半分正解で半分不正解な表現です。

　誰にでも褒めればいいというのは，少し言い過ぎなように感じます。なぜなら，子どもによっては"褒める"ことでは行動が変わらない場合があるからです。その場合は褒める以外の方法を考える必要があります。それを考える上で重要なことは，子どもの行動が繰り返されやすくなる出来事（結果事象）に関する理解であり，日ごろの子どもの行動の様子から理解を深めることができます。

> 　どのような関わりが，その子にとってポジティブな経験（メリット）となるかを情報収集していく必要があります。

　例えば，子どもによっては，"視線を送る"ことが結果として機能することもありますし，ジェスチャーで認めることが結果事象として機能することもあります。このように，

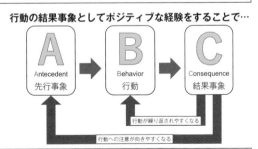

> 　ポジティブ行動支援では，子どもそれぞれに応じて，行動の結果事象にポジティブな経験が伴うように工夫することが望まれます。

　また，増やしたいポジティブな行動が確かに増えているかを，観察することも大切です。

ポジティブ行動支援と応用行動分析学の関係！

ここまで,
応用行動分
析学の主に
ABC フレ
ームについ
て話を進め
てきました。
ABC フレ

問題が起こる前から取り組む,
予防的なアプローチである積極的（Positive）

A の手立て

A Antecedent 先行事象 ➡ B Behavior 行動 ➡ C Consequence 結果事象

C の手立て

ペナルティによる行動のコントロールをするのではなく,
望ましい行動を育てるアプローチである肯定的（Positive）

ームに基づいて, ポジティブ行動支援を考えると, 上のように考えることが
できます。

ポジティブ行動支援は教師の視野と支援の幅を広げる！

　問題行動だけでなく, ポジティブな行動に対しても目を向けることができ
るということは, **子どもの行動をより広く捉えることができる**ということで
もあります。視野を広げることは, 子どもをより見取ることができ, 結果的
には子どもへの支援の幅を広げるということにもなります。
　子どもの問題行動だけに目が行くと, その行動をどうにかしないといけな
いと思ってしまいますが,

　子どもががんばっている場面を見取ることができると, 「どうすればこ
の場面を増やすことができるだろう」とか, 「この姿をほかの場面でも発
揮させるためには, どのような支援をしてあげればいいだろう」などと,
前向きに（ポジティブに）支援や関わりの方法を考えていくことができ
ます。

ポジティブ行動支援プラクティス

○応用行動分析学について調べてみましょう。

○自分の日常の行動を ABC フレームで整理してみましょう。

○具体的な行動を指導するように心がけてみましょう。

○子どもそれぞれに応じた関わりを工夫し，実際に関わってみましょう。

○行動の機能について，これまでの指導の経験をふりかえってみましょう。

ポジティブ行動支援Q&A　2

Q　ポジティブ行動支援なんて新しいことを入れたら，また忙しくなるんじゃないですか？

A　ポジティブ行動支援導入によって教員の業務量や負担が軽減するということが報告されています（徳島県教育委員会, 2017）。

その理由は，まず大前提に**子どもの問題行動が減少することにより，問題への対応時間が減少します**。また“問題が起きてから”の**後手対応ではないため，気持ち的にも楽になります**。さらに，学習指導や学校行事，委員会活動などでは，子ども主体の取り組みが増えていきますので，こちらも教員の業務量や心的負担は軽減します。

校務分掌については，学校全体が同じ方法と方向を共通理解し，みんなで決めた行動表に基づいて，**効果を確認しながら実践に取り組みます**。闇雲に実践が取り組まれず，**時期や目的が整理され，効果の高い取り組みが行われるようになります**。

ポジティブ行動支援導入時は，理論的な理解や実践システムの構築のための研修や打ち合わせに時間を取りますが，それを乗り越えると有意義な実践と子どもとの関わりが実現するフレームワークに基づいて働くことができます。

ポジティブ行動支援を実現する行動支援計画シート

3章

行動支援計画シートの作り方を学ぼう！

本章のめあて

・行動支援計画の作成の手順と活用方法について学ぶ。
・具体的な標的行動と記録方法について検討することができる。
・ABC フレームに基づいて行動の支援方法を柔軟に検討することができる。

「行動支援計画シート」とは

　行動支援計画シートとは，行動の ABC フレームに基づいてポジティブ行動支援を計画することができるものです。このシートを用いることによって，支援する行動（B），その行動の A（先行事象）と C（結果事象），そして行動の記録方法についても検討することができます（松山, 2018）。

> 　1 枚のシートに整理することで，教職員間で実践を共有したり，学級の子どもたちや保護者などとともに支援方法について共有することができます。

　行動支援計画シートは，機能的なポジティブ行動支援を実現すると同時に，**実践を支えるシステムとしても機能します**。さらに行動支援計画シートとその支援によって生まれたデータをセットで蓄積していくことによって，学校における支援をアーカイブすることもできます。行動支援計画シートは学級会用，個別・小集団支援用などがあり，裏面には行動を教える指導案があります。

行動支援計画シート 表面

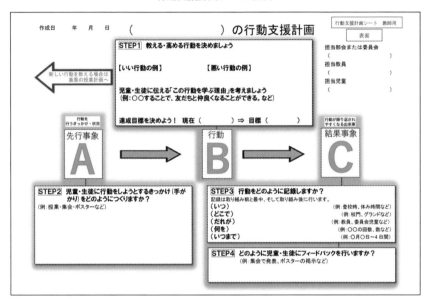

行動支援計画シート 裏面

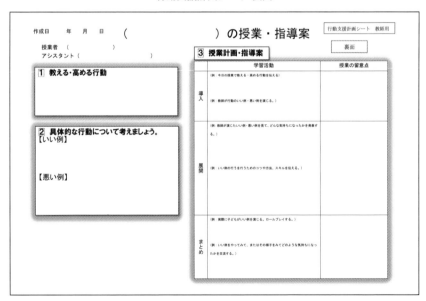

Step1　教える・高める行動を決める

①教える・高める行動を決める際の心がけ

　まず，どのような行動に焦点を当てて支援を行っていくのかを考えていきましょう。支援する行動の決め方は，個人・小集団・学級・学校と対象によって変わります。それらの具体的な決め方については，本書後半の実践を参照していただければと思います。ポジティブ行動支援の対象となる具体的な行動の例としては以下のようなものがあります。

・あと少しのがんばりで増えそうな行動

　（例：本の整理，物の片付け，課題提出などの行動）

・一つの行動でいくつかの変化がもたらされる行動

　（例：チャイムで着席，話を聞くなど，色々なよい影響が伴う行動）

・成果が生まれやすい行動

　（例：整列，時間を守る，用意の準備など，時間短縮しやすい行動）

・現状全く生起していない行動

　（例：次のスケジュールを考えて準備するなど，スキル未学習の行動）

　よく，研修などで先生方と行動支援計画シートを作成すると，現状ではなかなか実現することが難しい行動の支援計画を作成しようとされる方がいらっしゃいます。先生方の「子どもたちをより成長させたい」という熱い思いは理解できます。しかし，

　ポジティブ行動支援では，スモールステップで支援する

ということが大切です。全く生起していない行動など，スキルを学んでいないことによって生起していないと考えられる行動については，裏面の指導

案を活用して，その行動を教えるスキルトレーニングの授業を計画します。

行動を考える際は，学級や学校の目標に基づいた行動であるとともに，

> 子どもたちが価値あると考える成果に直結する**ポジティブな行動**

であることが最も重要です。

> 学校では，ポジティブだと教師が考えていても，子どもにとってはポジティブではなかったり，我慢を強いられたり，さらにはそもそも社会的に望ましい行動ではないことがしばしばあります。ここで個々の行動について例示することは控えますが，「社会的に望ましいことであっても，子どもたち個人の行動として考えた時には価値があるとは考えにくい行動」や「学校の中では価値があると考えられることであっても，社会的に望ましくない行動」などが学校で取り組まれてしまっていることがあります。**国連の児童の権利に関する条約**や**こども基本法**などに基づきながら，教える・高める行動を決める際の意思決定には複数の大人が参画することが大切です。

さらに，

> 記録を取ることができる具体的で明確な行動を支援の対象とすること

にも，ポジティブ行動支援では留意する必要があります。

②行動を明確に定義し，具体的な行動モデルを示す

しばしば，教師は一言で複雑な多くの意味を持った言葉を用いてしまいます（例：ちゃんと，しっかり，など）。しかし，ポジティブ行動支援では，

> **行動を具体的で単純かつ端的な言葉で表現する**ことが重要です。

なぜなら，その行動が「**誰がどのように見ても，同じ行動に見える**」ということが，子どもと目標を共有する上でも大切だからです。「**誰でもその行動を実行したと確認できる**」ことで，より的確に行動に対して認めたり称賛したりする機会が増えていきますし，行動の記録も取りやすくなります。

　そこで行動を明確に定義します。行動の定義では具体的な状況と行動とともに，"いい行動"と"悪い行動"を示し，どのような行動であり，どのような行動でないかを定義します。これらを整理して考えることで，行動に関わるすべての人が「同じ行動である」と認識することができます。

行動の定義の例

行動の説明	
読書時間の後，本を戻す時は本棚を整理する。	
いい行動の例	悪い行動の例
・本の向きを揃える。 ・本の高さ・種類をまとめる。 ・倒れている本を立てる。	・本を横向きに置く。 ・向き・高さ等を揃えずに置く。 ・本棚に収まらないままにする。

　このように整理すると，「読書時間の後，本を戻す時は本棚を整理する」という行動は，いくつかの行動で成立していることがわかります。いい行動の例と悪い行動の例を整理することで，行動を教えやすくなりますし，子どもにとっても，何をすればその行動が実現するのかがはっきりとわかるようになります。

　このような行動を実際に教師や子どもがやってみたり，行動の結果として一度本棚を整理したりしてみて，その行動の姿や整理された本棚を撮影して写真を掲示したりすることは，行動を定義・共有する上で非常に有効な手立てとなるでしょう。

③子どもたちに伝える「この行動を高める理由」を考える

　なぜこの行動に焦点を当てるのか，なぜこの行動が高まるといいのかについて，子どもにもわかる説明を考えます。ここで，子どもたちが価値あると考える成果に直結する行動であるか，さらに学級や学校における目標に基づいた行動であるかどうかを再確認しておきましょう。

④達成目標を決める

　この項目は，Step 3の行動の記録方法を決めてからでも構いません。ここでは，いったい今，その行動がどのくらいできているのか，また，どのくらいできるようになったらいいのかを考えます。

> 　ここで気をつけたいことは，**達成目標では「学級全員」や「100％」などは控える**ということです。

　1章でも示したように，ポジティブ行動支援は全体支援と個別・小集団支援の両立を想定した多層支援で行っていきます。もちろん，担任としては「みんなにがんばってほしい」とか「全員ができてほしい」と願いますが，「全員で○○しよう」と言ってしまうと，できていない子に注目してしまったり，ネガティブな言葉かけが増えてしまったりします。

> 　第1層支援の目標は子どもたちの実態や支援する行動にも考慮しながら，7〜9割ぐらいを目標にしましょう。そして，目標は**できる限り割合で表して設定する**ことが望ましいでしょう。

　人数で目標を設定してしまうことも，できていない人に着目してしまう要因になります。このような細やかな配慮が，ポジティブ行動支援の実施において極めて大切になります。

Step2　行動のきっかけ・手がかり（先行事象）を考える

　ここでは，ポジティブな行動が生まれやすくなるきっかけや手がかりとなる工夫を考えます。例えば「チャイムが鳴ったら着席する」という行動であれば，そもそも学校環境に設定されている先行事象として「チャイム」があります。このチャイムだけでは時間に着席することが難しい場合，そのチャイムをきっかけとして行動が実現する工夫を考えます。例えば，教師が「あと2分でチャイムが鳴るよ」と**言葉かけ**をすると，子どもたちは2分後のチャイムを意識することができるかもしれません。また，休み時間終了までの**タイマー**を設定することで，チャイムが鳴るまでの残り時間を意識して行動できるかもしれません。また，チャイムを守るとどのようなメリットがあるのかを示した**ポスター**も有効かもしれませんし，チャイムが鳴る前に座っている児童・生徒に対するポジティブな声かけも，まだ準備ができていない子にとってのきっかけになるかもしれません。

Step 3　行動の記録方法について考える

　行動の記録は，ポジティブ行動支援の成果を生み出す要素の一つである，「データ」に基づく意思決定をサポートしていくために極めて重要なものです。行動を記録することによって，

> 支援前には……「行動に対して支援は必要か」
> 支援検討の際には…「行動に対してどういった支援が必要か」
> 支援中には……「支援は有効か」
> 支援後には……「行動は維持・増加されているか」

といったことをデータに基づいて検討することができます。

> 　そのためには，記録のコスト（労力）に配慮しながらも，できる限り高い頻度で記録が行われることが求められます。

　行動の記録は，Step1において行動が明確に定義されている上で実施することができます。行動の記録をていねいに行うことによって，**データに基づくエビデンスベースドな教育**が実現します。

　「この行動，どうやって記録を取るの？」
　「どの姿を見取って，記録を取ればいいの？」
　「何をもってこの行動を実行したと言えるの？」

などと疑問が生まれたら，Step1に戻って支援する行動やその行動の定義を見直しましょう。

　記録方法は，いつ（場面），どこで（場所），だれが（記録者），何を（行動の具体），いつまで（記録する期間）について**計画します**。行動の記録（測定）の主な方法の種類として，島宗（2019）を参考に次の5つを紹介します。

・回数・頻度

　回数は，その行動が生起した回数，頻度は一定の時間の中で，行動が何回生起するのかを表します。例えば，「授業時間中に挙手して発表する」という行動を授業時間の内，10回見られれば，「10回／１授業」と表すことができます。また，行動の頻度や状況によっては，１時間あたりや１分あたりの頻度を求めることで，その行動の変容を細やかに示すことができます。

・割合

　割合は，その集団の中で行動がどのくらいの割合で生起しているかを表します。例えば，「授業準備をする」という行動を学級児童全40人の内，25人が行った場合は，「62.5%」と表すことができます。この場合，カウンターを使ったり，座席表にチェックを入れたりすることで，行動を数えることができます。

・時間

　時間の観察としてポジティブ行動支援で活用できるものは，主に以下の２つの種類があります。

　１つ目が**反応するまでの時間**です。これは，行動のきっかけとなる先行事象が生じたタイミングから，行動が生起するまでの時間です。例えば，授業開始時に先生が「静かに話を聞く姿勢をしましょう」と言います。この時の子どもが静かに話を聞くまで（静かになるまで）の時間を記録することで，反応するまでの時間を掲示することができます。２つ目が**持続した時間**です。これは，行動が生起してからその行動が終わるまでの時間です。例えば，授業時間中に「静かに自習をしましょう」と言います。最初は静かに自習をしていますが，徐々に私語が目立ちはじめてきます。この時の，私語が始まった時まで静かにできていた時間を，持続した時間と言います。

・行動がもたらした結果

　行動について，実行した瞬間を記録することが難しい場合，行動の結果を記録することができます。例えば，清掃活動では行動の結果として"床にゴミがない状況"を記録できます。これによって行動を〇（実行した）／△（実行した形跡は見られるが不完全であった）／×（実行しなかった）などと記録することができます。

・すでにある記録

　学級や学校生活の中では，すでに記録し続けられている行動があります。例えば，私の学級では，宿題を提出したらネームプレートをボードに貼ることになっています。これによって宿題提出の行動を記録することができるでしょう。また保健室来室者数，ケガの記録，出欠など学校ではすでにシステムの中で様々な記録が収集されています。このような記録を活用することも有効です。

参考動画：入門シリーズ05 記録の役割（公開動画）
日本ポジティブ行動支援ネットワーク公式 YouTube チャンネルより視聴できます。詳しくは p.134をご参照ください。

取り組みを行って，ポジティブな行動が見られた場合や目標を達成した場合に，どのような結果事象があるかによって，その行動に対するメリットが異なります。p.39でも示したように，行動にメリットが伴うことで，行動が増加・継続しやすくなります。ここでは，**行動が次の機会にもう一度生まれ，その行動に対して注意が向きやすくなるようなポジティブな経験がどのような工夫によって伴うのか**について考えます。こういった関わりをフィードバックと言います。

> 　フィードバックとは「**行動に対して有益な形で評価し伝えること**」です。

　よって褒めることや称賛することだけでなく，省察を促すことや，行動を正しい方向に修正していくことも含まれます。フィードバックは，対象者が有益であったと思えることが大切ですので，

> 　フィードバックする側は対象者の行動に対する努力やその時の気持ちを察し，さらに対象者のパーソナリティの理解に努めながら，行動したことを労わり，労うことが大切です。

データをグラフでフィードバックする

フィードバックとして何よりも大切なことは,

> 「できるようになった！」「できることが増えている！」と子どもたちが実感できることです。

　そのためには，できるようになった事実を伝える必要があります。そこで効果的なのは，「グラフフィードバック」です。ポジティブ行動支援におけるグラフは，以下のように作成します。

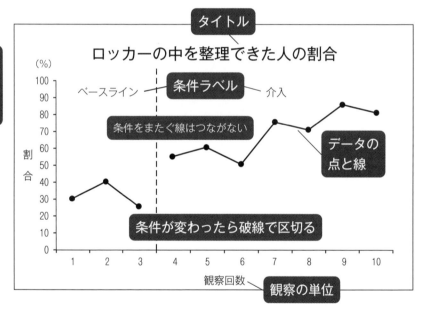

　特徴的なのは，折れ線グラフで表すということです。その時々の行動を即時にグラフで表していくことで，悪化しているか，改善しているかなど，行動の推移が容易にわかるようになります。また，条件を変える際は，線をつながないことで，取り組みの効果をよりわかりやすく表します。

学級や学年の実態や状況によっては（特に割合の理解が難しい低学年など），結果をグラフで表さない方がいい場合もあるでしょう。その場合には，データに基づいて３〜４段階程度のスケーリングでフィードバックするというのも有効です。

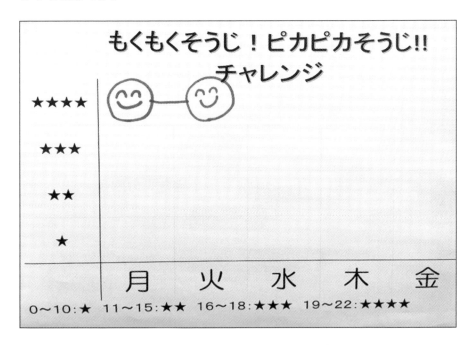

データに基づいて，行動支援計画を見直す

　記録を取ってグラフで表していくと，行動の悪化や改善などの傾向がよくわかります。取り組みを行っていて，

　目標に向けて行動の結果が改善されている場合，その取り組みを続けることが望ましいです（うまくいっていることは続けるという原則）。

　しかし，取り組みを行っていて，行動が改善されなかったり，悪化したりする場合は（支援１），そのまま取り組みを継続させるのではなく，行動支

援計画を見直すことで，取り組み自体の改善を図ります（支援2）。また，支援を行う前にベースライン調査（p.98参照）を行うことによって，支援前の実態と比較して取り組みの効果を明らかにすることができます。

> データに基づいて支援の方法を検討していくのが，ポジティブ行動支援の大きな特徴です。これにより，**必ず効果が生まれる支援を実現することができます。**

データを見ながら，ポジティブな行動が増えるように支援を柔軟に調整することが，効果的なポジティブ行動支援の実現のために，何よりも大切です。

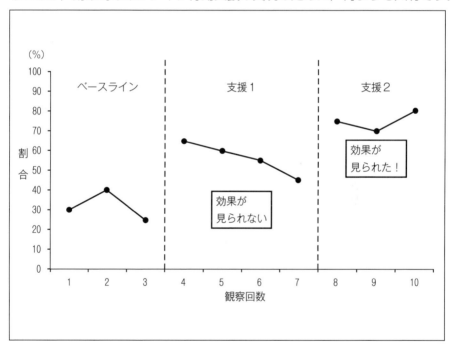

どうしても効果が見られない時は……

　行動支援計画を作成して支援を行っていても，なかなか効果が見られない場合があります。その要因として，**第一に「教える・高める行動」が子どもの実態に即していないということが考えられます**。これは，例えば，教え合い活動に関する支援を行っていて効果が見られない場合は，そもそも子どもが教え合うスキルを習得できていないために，教え合うという行動が生まれにくくなっていると考えることができます。そのためには，「教える・高める行動」のハードルを少し低くして，例えば「友だちに話しかける」や「友だちの話を聞く」などに変えてみます。また，支援の前に行動支援計画の裏面を活用し，話の聞き方や話しかけ方についてのスキルトレーニングを計画し，トレーニングを行ってから取り組みを行うことも有効でしょう。

　第二に，計画した行動支援が実際は行えていないということが考えられます。これは，例えば学校生活の中で，授業を進めることで手がいっぱいなために教師が子どもを支援できていなかったり，支援するべきタイミングで行えていなかったりすることが考えられます。また，支援を行っていても，その頻度が少なかったりすることがあります。こういった場合は，子どもたち同士のピア・サポートを促進したり，または支援のタイミングをリマインドする「リピート・アラーム」などのスマートフォンのアプリケーションを活用することで，改善することができます。

　第三としては，行動に対する称賛や承認，フィードバックなどのメリットが少ないことが考えられます。行動してもメリットが伴わない行動は，増加しないどころか減ったりなくなったりしていきます。フィードバックの内容が，支援者からの視点では"子どもはメリットと思ってくれるだろう"と考えていても，子どもはそれをメリットと思っていないということもあります。子ども個人や学級全体との対話を通して支援のニーズを把握し，しっかりと子どもたちがメリットを実感できるフィードバックを行うことが大切です。

子どもとともに計画を作成することで効果的な支援を実現する

事例や状況，支援する集団や個人の年齢や特性にもよりますが，

> 行動支援計画は，当事者である子どもとともに作成することで，効果的な支援を実現できることもあります。

なぜなら，**私たち大人が考える行動に関するアイディアは，子どもたちの生活の中における文脈においては，必ずしも最適であるとは言えないから**です。

> 子どもの行動についてどのような工夫が最適なのか，どのような環境設定が望ましいのかについては，その子どもが一番身近に感じているものです。

子どもとの対話を通して，行動についてどのように考えているのか，また自分自身としてはどうしていきたいのかという**願いを聞いて考えていく**ということも，子どもの成長を支えていく上で重要な機会です。また，行動支援計画を一緒に作成することで，

> 自分（たち）の行動は環境調整を通して変えていくことができる！
> 自分（たち）は変わっていくことができる！

という効力感を高めるきっかけになってほしいという願いもあります。

このように，子どもが主体となって行う行動となるためには，その行動の計画にも子どもが主体となって参画することが望まれます。

実践を通してポジティブな行動が生まれやすい学校環境に変えていく

　例えば「チャイムを守る」という子どもの行動への支援をするために，行動のA（先行事象）として「チャイムが鳴る」に加えて，「2分前に声かけをする」やチャイムが鳴るまでの残り時間を示すために「タイマーを使う」といった支援をしたりします。また行動のC（結果）としてできた時に「声かけ」をしたり，ある程度の子どもが何回かがんばったことに「ごほうび」を与えたりして，子どものポジティブな行動が生まれやすい学校環境に変えていきます。

　これにより，例えばチャイムを守れるようになったことで，これまで守れていなかったために実感することができなかった「早く切り替えられるようになる」ということを体験したり，または休み時間と授業との切り替えがうまくできることによって「勉強がわかるようになる」という経験をしたりすることができるかもしれません。このように，支援によって行動ができるようになることで，これまでは経験することができなかった，その行動による社会的なメリットや価値を体感することができます。これがポジティブ行動支援のねらいでもあります。

> 　日常的に「やってよかった！」「やってよくなった！」と子どもたちが実感できることで，支援を引いていっても，行動が継続されやすくなります。

　さらに，ポジティブ行動支援では，データに基づいて，行動ができている状態を確認しながら，付加した支援を引いていきます。しかし，全ての支援を引くというわけではなく，付加した支援の中でもそれほど教師の負担なく継続できる支援は続けていきます（例えば教師の「声かけ」など）。

　このように，

実践を通して，学校や学級をポジティブな行動が生まれやすい環境に変えていくことも，ポジティブ行動支援の魅力の一つです。

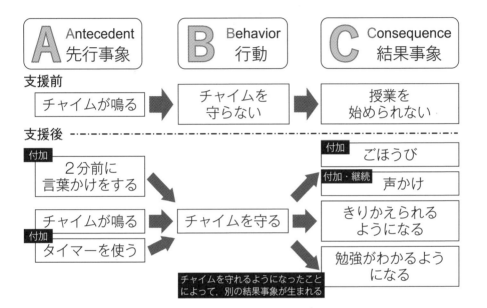

ポジティブ行動支援プラクティス

○行動支援計画シートをダウンロードしてみましょう。

○学級や子どもたちの問題を仮定し，行動支援計画シートを活用した支
　援についてシミュレーションしてみましょう。

○支援する行動と記録の方法について検討してみましょう。

行動支援計画のダウンロードはこちらから➡

ポジティブ行動支援を実現するための人間関係づくり

4章

子ども同士のポジティブなつながりをつくろう！

本章のめあて

・子ども同士のポジティブなつながりが生まれる学級環境をつくる。
・子ども同士のつながりを育むための具体的な教育的支援を学ぶ。
・ポジティブな関わりと行動を増やすソーシャルスキルトレーニングを学ぶ。

ポジティブ行動支援を学級に導入する！

　この章では，ポジティブ行動支援を実際に学級に導入するために必要な，子どもたち同士の**ポジティブな人間関係づくり**，次章では**ポジティブな行動が生まれやすくする学級環境づくり**について話を進めたいと思います。ポジティブ行動支援を学級に導入するためには，ポジティブな目標や行動をみんなで考えたり，ポジティブな子ども

同士の関係を構築したり，またその関係構築のための関わりのスキルの習得や感情理解など，様々な教育的支援を行います。これらにより，学級でポジティブ行動支援を実践するための素地をつくっていきます。

　この素地というのは，ポジティブ行動支援に対してだけでなく，学級経営において極めて重要なものだと私は考えています。子ども同士のトラブル，いじめやけんかを予防し，たとえ起きた場合でもお互いに問題を修復し合える関係をつくる上でも，この素地は有効なものとなります。また，子どもた

ちが学級生活に対して前向きに，また積極的になっていきますので，日ごろの授業も含めて様々な教育活動が行いやすい学級になっていくでしょう。

ポジティブな行動が生まれやすい環境をつくる

　2章で紹介した応用行動分析学における ABC フレームに基づいて，学級において子どもたちのポジティブな行動が生まれやすい環境を積極的につくっていきます。

　まず，Ａ（先行事象）を整える環境づくりとして，「ポジティブな行動がしたい！」と思えるようなきっかけを学級につくります。そのために，学級の仲間のステキな姿に着目できる他者理解を促進する取り組みや，目標や価値に基づいてどのような行動が望ましいのかを整理した行動表を作成します。

　そしてＢ（行動）が実現する環境づくりとして，「ポジティブな行動・言動ができる」ように，ソーシャルスキルトレーニングによって行動を教えたり，ステキな言葉について確認したりします。

　さらにＣ（結果事象）を整える環境づくりとして，「ポジティブな行動をやってよかった！」と思えるような出来事を，仲間同士の称賛・承認をし合うカードやがんばりの可視化によって生まれるようにします。

　このように学級において ABC フレームに基づいてポジティブな行動が生まれやすい環境をつくることは，学級でポジティブ行動支援に取り組むために非常に重要です。

Step 1 仲間を紹介しよう！

どのような学級でも，学級の始まりはみんな様子を見ているものです。

「一昨年一緒のクラスだったあの子は，私と一緒に遊んだこと，覚えているかな」

「え，またあの子と同じクラスか……前は印象が悪かったけど，今年はどうなんだろう」

このように，子どもたちは学級の仲間と担任との距離を少し取りながら，どのようにこの環境で生活していこうかと考えています。そういった状況の中で，**まずは教師が主導して学級の安心できる関係性をつくっていくことが必要です。**

そこで，まずは子どもたちのポジティブな側面を「ステキ」な姿・行動として，他己紹介という形で紹介し合い，他者理解を促進します。

学級の中で仲間の「ステキ」に目を向けていくために，それまで同じ学級だった友だちや幼馴染の友だちが知っている仲間の「ステキ」を共有します。

他己紹介
他者理解
みんなの ステキの掲示

ポジティブな
行動・関わり

①円になって座る

　ステキを伝え合う際は，真円に
なって座ります。**円＝サークルは，
対等であり，全員を"尊重"する
ことができる座り方です。**全員が
全員の顔を見ることができ，話し
ている人の方に自然と顔が向くのが，真円なのです。このように円になって
話し合う時間を，サークル・タイムと言います（池島・松山・大山，2012）。
日本では「クラス会議（赤坂，2015）」などとして学級で取り入れられてい
ます。

②ルールを確認する

　この取り組みでは，ルールに基づいた話し合いも大切になります。ルール
を設定することで，安心した取り組みにすることができます。さらに，ルー
ルを設定することで「ルールを遵守する」ことを承認することができます。
ルールは以下の通り設定します。

・みんなの「ステキ」を知り合う時間である。

・他の人が話している時は，その人の話を聞く。

・他の人を責めたり，非難したりせず，みんなの存在を大切にする。

---

③ステキとは何か，を考える

　「仲間のステキなところを言おう！」と言って，全員のステキが言えるの
か，学級担任であれば心配に思うことでしょう。何も言わずに始めてしまう
と，ある子はどんどん出てくるけど，ある子は全然出てこない，なんてこと
があり得ます。そこで，まず誰とは名前を出さずに「人のステキだと思うと
ころってなんだと思いますか」と聞いてみます。「○○ができる」「○○して
くれる」「○○と言ってくれる」などと，ある程度の種類が出てきます。

④誰にでもステキはある，という前提をつくる

　「人には大小かかわらず，ステキはある」。「自分にはないな，とか，あの子にはないな，と思っていても，誰かが見つけてくれるよ。そういう時間にしたい」という教師の願いを伝えます。さらに，「見つけてくれる人はもしかしたら多いかもしれないし，少ないかもしれない。人によってステキを見つけてくれる人の数は違うかもしれない。しかし，**自分のステキを見つけてくれる仲間を大切にしよう。そして，伝えた言葉を大切にしてくれる仲間を大切にしよう**」と，私は全体に言葉をかけて行います。

⑤仲間のステキを発表していく

　一人一人に対して，順番にポジティブな行動，言動，特技，習慣などのステキを発表していきます。この時は，教師も円に入ってメモを取りながら行っていきます。一人あたり三人程度，メモの分量がおおよそ同じになるように発表してもらっていきます。この時，余裕があれば発表してくれた子もメモすると，誰がステキをよく見つけてくれるか，その子をサポートしてくれているかを明らかにすることができます。

⑥一覧表にして掲示する

　最後に，発表された全員のステキを一つの表にまとめ，「みんなのステキ表」として学級に掲示します。これによって，全員にステキな側面があること，全員がステキを認められること，そして全員にステキを見つけてくれる仲間がいることになります。表は学級通信などで保護者と共有してもいいでしょう。

名前	みんなが言ってくれたステキ
A	ハリーポッターの本をよく読んでる。鉄棒が上手。
B	都市伝説の本を読んでいて，いろんな本を紹介してくれる。
C	ちょっと人見知りだけど，怖い話が好き。絵がうまい！
D	本を読むのが好き。絵が上手！　年下に優しい。
E	運動神経が良い！　とにかく優しい。冷静で落ち着いている。
F	面白くて，お勉強がよくできる。ピアノが大得意！
G	とにかく優しい。明るくて話しやすい。人の絵を描くのがうまい。
H	やることが早くテキパキしてる！　タイピングが上手。
I	絵を上手にかける！　字がとてもきれい！　下級生にやさしい。
J	遊びが大好き。めっちゃドッジボールがうまい。
K	誰にでも優しい。勉強の全部が得意。ハリーポッターが好き！

※全員で実施することが難しい場合は……

　学級の実態によっては，一つの円になってみんなが発表し合うことが困難な場合も考えられます。特に他者に対して暴言を述べる子がいる学級，またネガティブな側面に着目されてしまう子がいる学級では，この取り組みの実施は避けるべきでしょう。その際はメンバー構成が配慮された小グループをつくって，その仲間同士でステキを伝え合って一覧表にまとめるという方法があります。また，オンライン上でのやりとりなどを通してステキを収集してまとめるなど，学級の様子に合わせて取り組みの可否とともに柔軟にアレンジしていただければと思います。

Step 2　自分の感情と体調を仲間と共有しよう！

子どもとのトラブルの話し合いをしていると……，

「実は前の休み時間に違う友だちとトラブルになって，イライラしていた」

「朝から体調が悪くて，遊びたくなかった」

また，授業中にグループワークをしていると，

「○○さん，さっきから話しかけているのに，何も話してくれません」

このような話を聞くことがあります。特に，新型コロナウイルス感染症の流行によって学級全員がマスクを着用していたときは，このようなことが原因のトラブルや問題が増えたように感じます。こういった「ミスコミュニケーション」を予防するために，松山・栗原（2021）の他者の感情と体調を学級全員で共有する「感情・体調共有ポケットチャート」を活用します。これは，リアルタイムに自分自身の感情と体調を共有するために，市販されているポケットチャート（たくさんのポケットがついたもの。よく百円ショップで売っています）を使って，そこに，色画用紙をカードサイズに切った複数枚の色カードと，自分の名前を書いた紙を入れて作成します。

まず，子どもたちと話し合いながら，色カードの各色に対して感情や体調を設定しています。色カードにその時の自分の状態を表すイラストを書きます。それらのカードと名前のカードをポケットに入れたら完成です。随時，自分の感情や体調に合わせて，表面のカードを入れ替えて，自分の今の状況を学級全員と共有します。それによって，子どもた

ちのポジティブな行動や，子どもたち同士のポジティブな関わりのきっかけ
をつくります。

　私の学級では4色の画用紙を使用し，

- ・青色＝元気，ふつうな状態。
- ・黄色＝イライラ・ムカムカな怒り，苛立ちの状態。
- ・オレンジ色＝気持ちがしんどい状態。
- ・赤色＝体調不良の状態。

と設定しました。カードの変更は休み時間に行うこととして実施しました。
これによって，相手の感情や体調を把握した上で仲間と関わることができる
ので，些細ないざこざが少なくなったように感じました。

　何より，誰かがカードの色を変えた時に，
　「どうしたの？」「何かあったの？」「体調，大丈夫？」などと，思いや
りのある言葉が増えたことが，印象的でした。

Step3　学級で増やしたいポジティブな言葉を集めよう！
～言葉表の作成～

安心・安全な学級活動を実現し，すべての子どもたちが**学級目標を達成するための関わりに必要な，学級で増やしていく言葉を考え合います。** 考え合った言葉は一つのポスターに整理し，ポジティブな言葉の増加や子ど

も同士のポジティブな関わりのきっかけをつくります。

　言葉と行動との関係を子どもたちに伝える時，マザー・テレサの「言葉に気をつけなさい。それは行動になるから。行動に気をつけなさい。それは習慣になるから。……」という言葉を用いて説明します。この言葉を通して，どのような言葉を発することでステキな姿や行動が増えていくのかを考えます。

　よく道徳の授業などで取り組まれる「ふわふわ言葉・チクチク言葉」の実践と異なるのは，チクチク言葉（減らすべき言葉）については考えずに，**増やす言葉にだけ着目して考える**ということです。これは，ポジティブ行動支援の考え方である，

　ポジティブな行動（言葉）が増えると，相対的に問題行動（言葉）は減少する

に則っています。こうすることで，この時間も子どもたちが前向き（ポジティブ）に考え合うことができます。

　考え合った言葉は，いくつかの価値に集約して一枚のポスターにまとめます。ポスターは学級通信で保護者と共有したり，学級内で掲示したりして，学級でのステキな言葉の増加のきっかけとなるようにします。

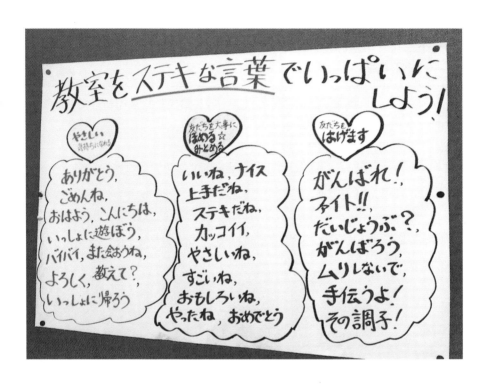

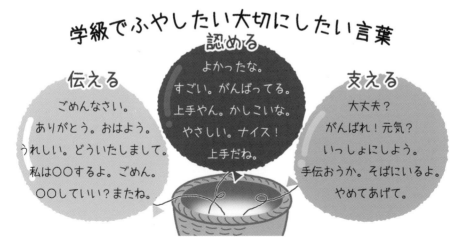

Step 4　学級みんなのポジティブな関わりを増やそう！
～SST の導入～

　子ども同士は，勝手に話し合えたり，相談し合えたりするわけではありません。

「先生，○○くんが勝手に鉛筆を取ってきました」
「○○さんは，話をちゃんと聞いてくれない」

「○○さんがあんなことしたのに，あやまってくれない」
「あやまったし！」

　このように，学級は子ども同士のミスコミュニケーションによるトラブルの宝庫です。しかし，これらの話をよく聞いてみると，

> ソーシャルスキルを学んでいないこと（未学習）によるもの

であることに気づくことができます。そこで，私は学級で必ずソーシャルスキルを学び確認し合う時間を取ります。これは SST（Social Skills Training）と呼ばれます。SST の授業により，ポジティブな関わりを具体的に教えてできるようにし，そしてスキルをポスターに整理し掲示することで，ポジティブな行動が生まれやすくなるようにします。

SST は以下の手順で行います（相川，2009）。

教示（なぜこのスキル・行動が必要かを伝える）

モデリング（お手本を示す）

リハーサル（実際にやってみる）

フィードバック（やってみての気持ちを確認し
メリットを実感する）

　スキルとしては，以下の４つの行動について授業します。これらのポスターは，学級に掲示して，子どもがいつでもポジティブな関わりができるようにしておきます。

ステキな頼み方・話しかけ方
①優しく声をかけて名前を言う
②相手の都合を聞く　　　　「今、ちょっといい？」
③内容によってはあやまる　「ごめん…」
④お願い・伝えたいことを言う「あの…」
⑤その理由を言う　　　　「なぜかというと…」
⑥条件を言う　　　　「○○までには返すね」
⑦感謝を伝える　　　　「ありがとうございます」

ステキな断り方
①あやまる　　　　　　　「ごめんね」
②あやまる理由を言う　「ちょっと…」
③提案をする　　　　「○○のあとに…」
④助言する「これからは○○するといいよ」

ステキな聞き方
①姿勢を正す
②手をとめる
③相手の目を見る
④静かに話を聞く
⑤言いたいことは、手をあげてあたってから

ステキなあやまり方
①あやまる内容を言う「…してしまって」
②今の気持ちを言う　　「…と思ってる」
③あやまる　　　　　　「ごめんね」
④これから気をつけることを言う
　　　　　　　「これからは○○するね」
※あやまりたくないときは、あやまりたくない理由をしっかりと言おう。

ポジティブ行動支援プラクティス

○子どもたちのつながりをつくるための工夫を考えてみましょう。
○子ども同士のつながりを注視し，必要な支援や環境設定を計画しましょう。
○感情・体調共有ポケットチャートや言葉表を学級へ導入してみましょう。
○行動を教える SST の授業案を行動支援計画シートの裏面を活用して作成してみましょう。

 ポジティブ行動支援 Q&A　3

Q　ポジティブ行動支援で問題行動が減少することはわかりました。その他に，どんな効果があるのか知りたいです。

A　ポジティブ行動支援は，アメリカをはじめ世界中の人が関わる現場において実践されている，普遍的な取り組みです。

例えば日本においては給食準備（杉本，2016）や清掃行動（遠藤ら，2008），授業参加（庭山・松見，2016）における子どもたちの行動に効果があることが実証されています。また，この後の章で紹介するポジティブカードは抑うつ（竹島・田中，2019），感謝感情や学習適応（松山・枝廣・池島，2016）に効果や関連があることが実証されています。ポジティブ行動支援自体が様々なデータを生み出すフレームワークですから，今後も新しいエビデンスが生まれることが期待されます。

このような実践は日本ポジティブ行動支援 HP や日本行動分析学会の学校支援論文リスト（https://sites.google.com/view/behavior-analysis-school/）に整理されています。

ポジティブ行動支援
を実現するための
学級環境づくり

5 章

ポジティブな行動が生まれる学級環境をつくろう！

本章のめあて

・子どもたちのポジティブな行動が生まれる学級環境をつくる。
・子どものポジティブな行動が生まれるための具体的な教育的支援を学ぶ。
・目標と価値，行動のつながりを意識して指導・支援できるようになる。

Step 1　学級みんなの目標を決めよう！

　子どもたちにどのようなことを大切に生活していってほしいと願いますか。その願いは教師だけでなく，子どもたちも一人一人の願いがあるはずです。ここでは，その願いを実現する学級目標を決めます。学級のキャッチフレーズとなり，ただ掲げるだけでなく，全員が１年間を通して心掛け，教師も日ごろから言葉にすることができる，「学級目標」を決めます。

　目標とは学級が進むべき到達点（標）と言えるでしょう。学級生活を進めていく上での目的地として設定し，その道中はポジティブ行動支援によって目標を実現する行動を高め，引き出していきます。ですから，まさに**ポジティブな言葉で，前向きに，肯定的な言葉で表されること**が望まれます。

　学級目標は，学級でオリジナルのものを考えてもいいですが，学年目標や学校目標など，学校の目標とリンクしている方が，子どもたちも目標を考えやすいですし，目標を決めてからも学校生活を戸惑いなく進めることができます。

私の場合は，目標は私から提案する場合が多く，そのほとんどが「自分と仲間を大切にしよう」というような端的な言葉で表されたものでした。教師から提案する理由は，**私が学級で指導する際の**

「合言葉」にしたいという思いからでした。あと，これまでの経験で，子どもたちと話し合って決めた目標は長い言葉になりやすく，日ごろの指導との連動性が取りにくいという問題がありました。そういった理由から，教師が提案する形で目標を決めています。

> ## Step 2 学級の目標を実現するために心掛ける行動を考えよう！

学級目標が決まったら，その目標を実現するために子どもたちが自分自身で取り組む「行動」を宣言します。

ここでは，子どもたちに「行動とは何か」について説明を行います。子どもたちは「行動」という言葉を知っていても，日々行っている一つ一つの行動それぞれについて意識しているわけではありません。そこで改めて行動について，説明をします。私は行動について，

・「行動」とは，○○する，で表される。

・「行動」は，習慣になる。

・「行動」は，自分と誰かの行動のきっかけになる。

と，説明をします。

学級目標を実現するために心掛ける行動を考えていきます。

子どもたちが考えた行動は，学級目標とともに学級に掲示し，子どもたちのポジティブな行動のきっかけとなるように環境整備を行います。

 Antecedent 先行事象

 Behavior 行動

| 学級目標の検討・掲示 |
| 学級目標に基づく行動の宣言・掲示 |

→ ポジティブな行動

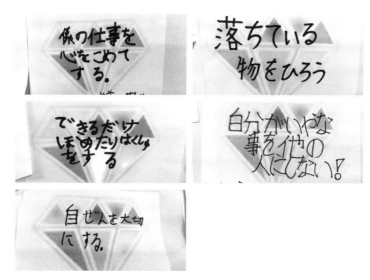

子どもたちが書いた行動

Step3 学級で増やしたいポジティブな行動を集めよう！
～行動表の作成～

　学級目標を実現するための行動を，Step2で子どもたちが考えた行動を参考にしながら，授業や休み時間などの学校生活場面ごとに考えて行動表を作成します。この行動表（ポジティブ行動マトリクスとも言います）は，ポジティブ行動支援においてとても大切なものです。行動表に整理することで，学級において何が望ましいのか，ポジティブなのかを明確にすることができますし，行動表として掲示することによって，常時それらポジティブな行動を確認して実行することができます。

　行動表作成の際に留意しなければいけないこととして，

- ・ここに示された行動は，みんなの願いが含まれている。
- ・行動表は，どのような行動が大切かを確認するためのものである。
- ・行動表は，学級におけるルールを示すものではない。
- ・ここに示された行動は「しなければならないこと」ではない。
- ・ここに示された行動ができていないからと，友だちを注意しない。

ということがあります（池島・松山，2014）。ここで整理する行動は「しなければならない行動」ではなく，目標を実現するための「ポジティブな行動」です。つまり，この行動表に整理された行動が"できていない"ことに対して，指導や注意をし合うのではなく，"できていること"が学級の中で称賛・承認されることが，行動表の目的です。

・目標を実現するための価値を考える

　目標が学級が進むべき到達点（標）であれば，価値とは「その目標に向かっていく上での大切なこと」と言えるでしょう。

　価値を考える上で大切なことは以下の4つです。

・継続的にどのように行動したいのかを表す言葉である。

・方角を与え，自分たちを導く言葉である。

・包括的な言葉である。

・全員の望みや願いが含まれた言葉である。

　目標は「今は実現していないが，わずかに見えるゴール」であり，価値は「学級が目標に向かって進む道とその方向に全員を向かわせ，言葉として様々な行動を包括するもの」であると言えます。全員が望んでいること，願っていることを表す言葉と言えるでしょう。これは，高学年であれば子どもたちと考え合ってもいいですし，低学年では教師が提案する形で決めてもいいでしょう。

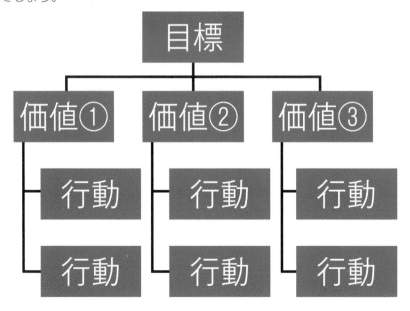

・価値に基づいて，場面ごとの目標を実現する行動を考える

　横に価値，たてに場面を示した表で，目標を実現するために望ましい行動を考えていきます。場面は例えば「授業中」「教室移動」「休み時間」「清掃時間」であり，それらの場面に対するポジティブな行動を整理していきます。この際，一つの枠が多くなってしまうとアンバランスになりますので，最初は3項目ほどずつ入れていくのがいいでしょう。

　子どもたちが発表するポジティブな行動をもとに，柔軟に場面を増減してもいいですし，価値の言葉や数を再考してもいいでしょう。そうしてできあがった行動表が次頁のものです。

・行動表は「行動」と「価値」，「目標」をつなげて，学級をよりよくする

　先にも述べたように，行動表に書かれた行動は，「しなければならない行動」ではなく価値や目標を実現する「ポジティ

自分と仲間を大切にしよう！		
場面／価値	自分のかがやきを大切にする	友だちのかがやきを大切にする
授業中		
休み時間		
教室移動		

ブな行動」です。ここに書かれた行動が見られた場合は，「自分の輝きを大切にできているね！」「それは仲間の輝きを大切にできてるよ！」と価値とつなげながら声かけができます。そして，「そういった行動によって学級目標が実現するね！」というような学級目標を意識づける言葉かけもできます。

　多くの学校や学級では，目標が掲げられますが，掲げることが目的となってしまい，その目標実現のためにはどのような価値に基づいた具体的な行動が必要なのかが明確ではないことがよくあります。この行動表は，学級におけるポジティブ行動支援を成功させるための要であり，学級全員の心のよりどころになるものです。行動表の行動を中心にポジティブ行動支援に取り組み，学級経営を充実させていきましょう。

4の3 ステキな行動 チャート

	自分 を大切にする	友だち を大切にする	環境 を大切にする	
登校 自主活動	朝チャレをする	進んであいさつをする	そうじをする	
	提出物を出す	あいさつを返す	係の仕事をする	
	進んであいさつをする	朝たしを教える		
	読書をする			
準備時間	授業の準備をする	次の授業の声かけをする	危ない物をとどける	
	お水を飲む		チャイム黙想をする	
	トイレを済ませる			

自分と仲間のかがやきを大切にしよう

場面／価値	自分のかがやきを大切にしよう	仲間のかがやきを大切にしよう
授業中	□チャイムが鳴ったらきりかえよう □課題に取り組もう □難しくても考えてみよう	□みんなの話を大切にしよう □みんなの学びを大切にしよう □友だちの発表から考えよう
休み時間	□授業の用意をしてから遊ぼう □時間になったら遊びをやめて教室に戻ろう □次の授業の気持ちをつくろう	□静かに過ごしたい人を大事にしよう □1人の子に声をかけよう □みんなの安全を大切にしよう □ろうかや階段は歩いて移動しよう
休み時間（雨天時）	□友だちと仲良くすごそう □教室でできることに取り組もう	□歩こう □静かに過ごしたいお友だちを大事にしよう □遊び道具をゆずり合おう
教室移動	□静かに歩こう □整列しよう	□時間までに並ぼう □授業中のみんなを大切にしよう

Step 4　学級みんなでポジティブな行動を認め合おう
～ポジティブカード～

　行動表が作成できたら，そこに書かれた行動や行動表に書かれている行動以外の価値や目標を実現すると考えられるポジティブな行動に対して，**学級の仲間同士で承認や称賛などのフィードバックを行えるようにします。**その取り組みとして，「ポジティブカード」というカードを仲間同士で書いて渡し合うシステムを導入します。これは，PPR（Positive Peer Reporting, 竹島・田中，2019）と呼ばれる教育実践です。

　ポジティブカードは，①相手の名前，②その行動を見た月日，③行動を見た場面，④行動の具体，⑤自分の名前の5つを記入します。これによって，その行動を日付や場面などで具体的に思い出せるものにし，もらった相手に

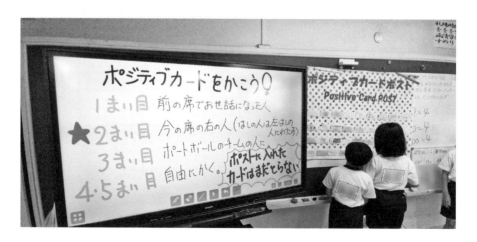

とってどんな行動がよかったのか，具体的にどのようにポジティブだったのかがわかるようにします。カードにすることで，行動を形に残すことができます（松山・枝廣・池島，2016）。

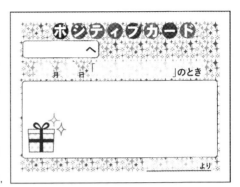

　カードは，子どもたちそれぞれが自分で大切に保管してもいいですし，子どもたちがもらってうれしかった "とっておき" のカードをコピーして学級に掲示することで，ポジティブな行動の先行事象として活用することもできます。

　カードの運用の方法については，以下のような方法があります。

・自由型…自由にカードを書き，自由に渡し合う。

・ポスト投函型…自由にカードを書き，友人のポストに投函する。

・掲示型…記入したカードを全員で共有できるよう掲示する。

・指名型…特定の子どもに全員で渡す。

・小グループ型…3〜5人程度のグループで，そのグループ全員がもらえるように渡し合う。

　上記の方法をいくつか組み合わせて，カードをみんなが受け取れるようにします。またカードの記入が難しい子に配慮していくことも大切です。

　実際の実践例として，小グループ型では，グループに対し人数分のカードを配布し，「全員がもらえるように書いてね」と伝えます。例えば，4人グループに4枚のカードを渡し，その中の1人が3人に対して書き，誰か1人がその子に書いてもいいということとします。この場合，書く人は2名ですが，全員がカードを受け取ることとなります。また登校時に1人に3枚程度のカードを配布して，その日の日直の人に全員で渡し合ったり（指名型），学級の仲間に自由に渡し合うこととします（自由型）。3枚以上書きたい場

合には，カードをすぐにもらえるように教室に準備して設置しておくといいでしょう。この際，カードを直接手渡しし合うのではなく，カードを入れるポケットを用意し，そこに投函するという形で実践すると，みんながカードをもらえているかどうか，またカードの記述内容を子どもが手に取る前に教師が確認することができます（ポスト投函型）。

Step 5　ポジティブな行動を可視化するトークンエコノミーシステムを導入しよう！

　学級で生まれるたくさんのポジティブな行動を可視化するシステムとして「トークンエコノミーシステム」を導入します。これは，集団としてポジティブな行動によって何かの目標を達成した時に，そのがんばりをビー玉や花びらなどの見える形（トークン）にし，一定のトークンがたまったらみんながうれしくなる機会（イベント）をつくるというものです。

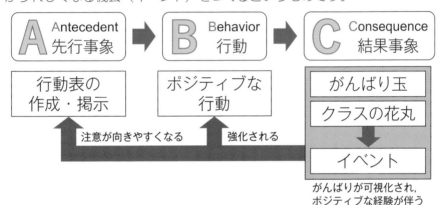

がんばりが可視化され，
ポジティブな経験が伴う

　トークンエコノミーシステムに取り組む際の留意点とし大久保（2019）は，

・何を達成したらトークン（ビー玉や花丸）がもらえるのかを明確にしておく。
・トークンがいくつたまったらどんなイベントがあるかを決める。
・イベントはどのタイミングで行うかを決めておく。
・トークンとイベントのバランスをしっかりと考える。
　（子どもたちが"達成できそう！"と思ってもらえる量で取り組む）

　学級経営でしばしば取り入れられる「ビー玉貯金」もトークンエコノミーシステムと言えます。ビー玉の大きさを変えることで，その時々の価値の大

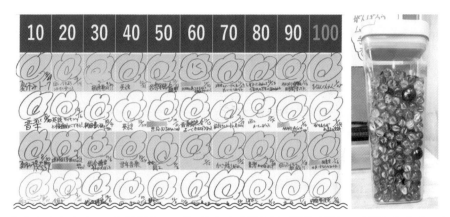

きさを表したり，今何個入っているかを視覚的に累積グラフで示したりして，**どんながんばりでビー玉がもらえたかを記録しておくと**，次の行動のきっかけにすることもできます。

　実際に私の学級では，「クラスの花まるポイント」に取り組んでいて，学級の行動表の行動や価値を実現する行動が見られた場合にその内容を書くとともに花まるを一つつけることとしています。10個たまるごとに５分〜10分程度の**小イベント**（例えば，読書やいす取りゲーム，じゃんけん列車，ミニゲームなど），100個たまったら１時間程度の**大イベント**（例えば，運動場で鬼ごっこや体育館で自由遊びなど）を，子どもたちに何をしたいかを募って実施しました。

ポジティブ行動支援に基づいた学級づくりの実際

　ここまで紹介したポジティブ行動支援を実現するための「人間関係づくり」と「学級環境づくり」ですが，**これらは学級でポジティブ行動支援を実践していく上で必要な，基礎的な環境整備のための実践です**。教師と子ども，子どもと子どもがポジティブに関わり合い，支え合える学級をつくることは学級担任の責任です。実際に私が行った実践では，次頁のような流れで人間関係づくり，学級環境づくりを行いました。

		セッション	実施時期	時間数
#1	関係	他己紹介	4月2周目	1
#2	環境	学級目標の決定	4月2周目	0.5
#3	環境	学級目標・学校目標を達成するために自分自身ががんばること	4月3週目	0.5
#4	関係	学級で増やす言葉表の作成	4月3週目	0.5
#5	環境	行動表の作成	4月3週目	2
#6	環境	ポジティブカードの導入	4月4週目	1
#7	環境	トークンエコノミーシステムの導入	4月4週目	1
#8	関係	SST 話の聞き方	5月1週目	1
#9	関係	SST 頼み方	5月4周目	1
#10	関係	いじめについての説明	6月1周目	0.5
#11	関係	SST 断り方・謝り方	6月1周目	1
#12	PBS	学級の課題を解決しよう	6月3週	3
#13	関係	行動支援計画を見直そう&感情・体調ポケットチャートの作成	6月4週	0.5

 ポジティブ行動支援プラクティス

〇学級の中での子どもたちのポジティブな行動を観察してみましょう。

〇学級でポジティブな行動が生まれやすくなるために必要な支援や環境を考えてみましょう。

〇ポジティブカードやトークンエコノミーなど，具体的な実践に取り組んでみましょう。

学級における
ポジティブ行動支援
手順編

6 章

学級における実践の手順を学ぼう！

本章のめあて

・学級でポジティブ行動支援に取り組む手順と具体的な方法を学ぶ。

・行動支援計画シートを活用してポジティブ行動支援を実践できる。

・データに基づいて行動支援計画を再考することができる。

学級におけるポジティブ行動支援の実践システム

　学級でポジティブ行動支援に取り組む際は，大きく以下のような流れで実践に取り組みます。

Step 1　学級の課題から取り組む行動を決める

Step 2　ベースライン調査を行う

Step 3　行動支援計画を子どもとともに作成する

Step 4　ポジティブ行動支援を実行する

Step 5　フォローアップ調査を行う

Step 1　学級の課題から取り組む行動を決める

　どんな行動に焦点を当てるのか，何を改善させていくのか。それを決めるためには，子どもたちと話し合う機会を持つことが大切です。学級担任は学級の課題に気づきやすいものですが，担任からその課題を伝えて取り組みを始めてしまうと，子どもたちは，「先生が言ったからやる」という，心の中で一つのバリアをつくってしまいます。子どもたちとともに，合意形成をしながら実践を行っていくために，まずは子どもたちに，学級の課題やがんばった方がいいこと，改善すべきことを聞いてみましょう。

（6）月（28）日（火）曜日　名前（　　　）

□学級のよいところ・すてきな友だちの行動・姿

よいところ
・明るい
・友だちがやさしい（　　さん　さん、
・わからない事が　　　さん など）
あたら教えてくれる（　さん、　さん、
　　　　　　　　　さん など）

■学級の課題・がんばった方がいいこと

・授業じゅんび
理由　授業じゅんびを 授業が始ま
　　　ってから取りに行く人がいるから。

・今週の感想

ならぶ 時間がだいぶ短くなって
みんな すごいと思った。だから私も
がんばる。

　とはいっても，改善すべきことだけを聞いてしまうと，「そういえば私たちのクラスってなんか悪いよね」というネガティブな空気になってしまいます。そこで，学級のよいところや友だちのステキな姿についても意見を集めつつ，同時に課題や改善点についても意見を集めて，それを参考にして「クラス全員で増やすポジティブな行動」を決めるようにします。

　「クラス全員で増やすポジティブな行動」は p.50でも述べているように，肯定的な表現で具体的かつ明確に行動を定義します。

「クラス全員で増やすポジティブな行動」が決まったら，記録方法について検討します。記録は，活動の中で子どもが調査できるものであれば，子どもとともに計測を行ってもいいでしょう。すべてを先生が担ってしまうのではなく，**可能な範囲で，子どもたちにも委ねながら取り組みましょう。**

> 　ベースライン調査とは，取り組みを行う前の，何も支援・指導をしていない状況における行動の状況を観察する調査のことです。

　ポジティブ行動支援では，「ベースライン調査」を非常に重要視します。なぜなら，ポジティブ行動支援によって行動がどのように変容したかどうかは，取り組み前の実態を知らずに語ることはでき

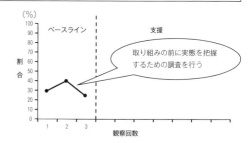

ないからです。このベースライン調査は，教師にとっては，課題に対して支援・指導が必要な状況の中で少し待って調査を行いますので，抵抗はあることでしょう。しかし，**ポジティブ行動支援は，データに基づいて取り組みを改善させていく実践**ですので，そこで得たデータはとても大事なものです。

> 　ベースライン調査は3回以上調査を行って，行動の傾向（悪化しているか，改善しているか）を把握し，改善傾向が見られる時は少し様子を見て，**悪化または変化なしの状況が確認できたら，取り組みを開始しましょう。**

Step 3　行動支援計画シートを使って，ポジティブ行動支援を計画する！

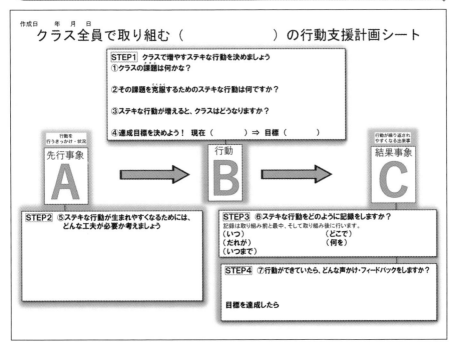

　教師によるベースライン調査後，学級児童に「クラス全員で増やすポジティブな行動」を発表し，ベースライン調査結果も公表します。子どもたちからは，

　「あー！　私が書いたやつやん！」「書いてないけど，確かに課題やなー」などと声が上がります。この時の子どもたちのリアクションは非常に重要で，もしその行動に対して困り感を持っていなかったり，子どもたちから取り組むことに意欲的でない言葉が聞かれたりしたら，その行動に取り組むことを再度検討したり，別の手立ても考えてみましょう。

　子どもたちの同意が得られたら，3章のStepを参考に「行動支援計画シート」を作っていきましょう。

行動支援計画を子どもたちとともに作成する

　学級全体で取り組んでいく時は，学年の実態や状況にもよりますが，**子どもたちとともに行動支援計画シートを作成する**ことをオススメします。

　自分たちの行動を，どのような工夫によって変えていくことができるのかを主体的に経験することで，行動にも積極的に取り組むことができますし，自分自身の行動もABCフレームに基づいて考えることができ，自らの行動を柔軟に変える方法を学ぶことができるからです。学級において，子どもたちが主体的に自分たちの行動について考えることで，

> 自分たちのがんばりで，集団を変えていくことができる！
> それによって，自分たちの環境をつくっていくことができる！

と実感し，効力感を持って主体的でポジティブな生き方をしていくことができます。またこのような機会によって，児童会や委員会活動などを通した子どもたちの主体的な学校全体の環境づくりにつなげていくことができます。

　加えて，このような過程を通して，支援計画は教員側で行われるのではなく，子どもである当事者も参加して行うということを自然にする狙いがあります。これによって，個別・小集団に対する支援の抵抗をなくすとともに，行動支援のニーズに対しては計画に基づいて変容を図っていくことができるという感覚を学級全員に持ってもらいたいと思います。

行動支援計画に基づいて行動を練習・確認する

　行動支援計画を作ったら，それに基づいて行動が実行可能かどうかを確認し，さらに，

行動ができた状態を全員で体感して，メリットを実感する

ために，行動を練習します。練習は何回か行い，どれくらい行動が改善されているかをタイマーやカウンターでチェックして，よくなっているポイントを伝えていきます。これによって，

・本当に行動支援計画は適切であるかを確かめることができる。

・先行事象と結果事象は十分かどうかを確かめることができる。

・どうすれば行動できるかのポイントを共有することができる。

・練習の結果によって，再度行動支援計画を見直すことができる。

・記録のタイミングを共有し，どの状態をもって「行動ができた」とするかを共有できる。

といったことが実現します。

　特に記録については，

・記録の方法が適切であるかどうか

・行動の何を記録するか，どのタイミングで記録するか

をしっかりと学級全員で共有することで，より正確な行動の記録を行うことが可能となり，的確なフィードバックが実現します。

Step 4　ポジティブ行動支援の取り組み開始！

　行動支援計画が完成したら，ポジティブ行動支援を開始します。支援実施中は，支援を確実に実行していくことが重要です。「クラス全員で増やすポジティブな行動」が生まれやすくなる工夫は実施できているか，また行動が生じた後の結果事象としてのフィードバックは十分に行われているかを確かめながら取り組みましょう。

　記録については，毎回同じ条件で計測することが重要です。また5回に1回程度，記録する人をもう1人追加して，2人で記録を取ってみることもおすすめです。これによって，記録が正しく計測できているか，行動ができているかの判断に大きな誤差はないかどうかを確かめることができます。

取り組み中に大切なポジティブフィードバック

　取り組み中は，先生による承認や称賛などのポジティブなフィードバックを積極的に行ってほしいものです。

> 　行動ができている瞬間を見逃さずに「できてる！」「がんばってる！」などと即時に反応していきます。

　しかし，p.44でも述べたように，「褒める」ことが効果的ではない子もいます。そういった子には，「目線を配る」「うなずく」「手でできている行動を指す」「感謝する」「ジェスチャーする」といったフィードバックのバリエーションを増やすことも大切です。

　また，子ども同士で行動を承認・称賛し合う姿勢も，認めてあげたいものです。仲間同士でフィードバックし合うことによって，子どもたちの行動を強化する機会を，大きく増やすことができます。

データに基づいた行動支援計画の見直し

　記録を見ながら，効果が見られない場合や，記録が悪化していった場合は，一度子どもたちと行動支援計画を見直してみましょう。こういった話し合いでは，しばしば子どもたちから，「○○さんが早くしてれないから！」や，「○○くんたちが協力してくれないから！」などといった言葉が出てきます。

　この時に大切なのは，

> 　変化させづらい個人の内側に行動の原因を求めるのではなく，個人と環境との相互作用に行動の原因を求める

というスタンスです。「どういった環境・状況をつくれば，行動が生まれやすくなるだろう」というポジティブな話し合いを行います。

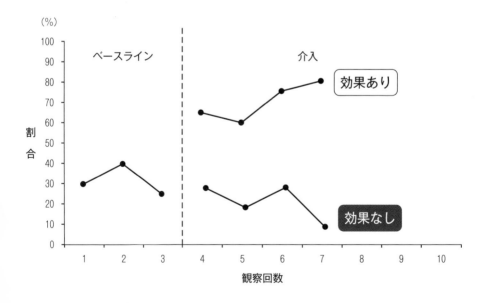

Step 5 「取り組んでよかった！」を実感する フォローアップ調査

　取り組みを終えて，その効果が持続・維持しているかどうかを確かめるために，「フォローアップ調査」を行います。支援後に３度ほど記録してみることで「学級がよくなった」「自分たちでできるようになった」と，取り組みの効果を実感することができます。また，取り組み中に行っていた支援の中で，

> 　学級生活の中で負担なく日常的に行えることは，残しておくことが大切です。

　それによって，より学級をポジティブな行動が起きやすい環境にしていくことができます。フォローアップ調査は，その環境の状態を把握する上でも，有効な調査です。

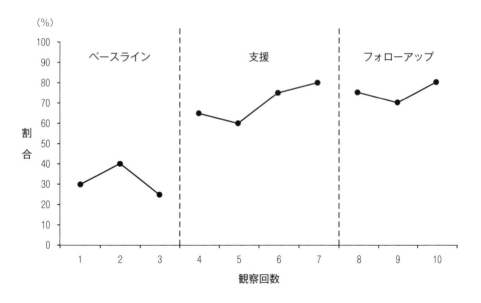

取り組みをシステム化する

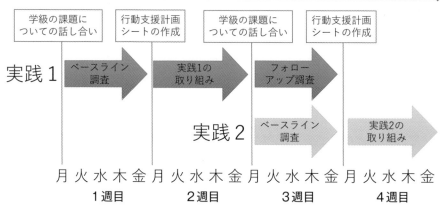

| 学級の課題に
ついての話し合い | 行動支援計画
シートの作成 | 学級の課題に
ついての話し合い | 行動支援計画
シートの作成 |

実践1　ベースライン調査　実践1の取り組み　フォローアップ調査

実践2　ベースライン調査　実践2の取り組み

　月 火 水 木 金　月 火 水 木 金　月 火 水 木 金　月 火 水 木 金
　　　1週目　　　　　　2週目　　　　　　3週目　　　　　　4週目

　ポジティブ行動支援に日常的に取り組むことができるシステムを構築することも，ポジティブ行動支援ではとても重要です。

　私の学級では，Step1の学級の課題の話し合いを週のはじめに行います。そこから，ベースライン調査を行っていきます。行動の傾向が把握できたら，およそ金曜日に行動支援計画を作成します。そして，次の週を目途に実践を行っていきます。実践は1週間ほど行い，効果が確認されたら取り組みを終了し，その後フォローアップ調査を行います。実践中には次の課題についてまた話し合って次の実践を行っていきます。実際には行事で中断することもありますし，もう少しゆったりとしたスケジュールで行うこともあります。しかし，一定のルーティンで取り組んでいると，「次は○○に取り組みたいな！」「今度運動会があるから，○○をみんなで高めていったらどうだろう」などと，子どもたちも実践に対して積極的に取り組んでくれるようになります。このように学級で，システムで取り組むことで，

> 　ポジティブ行動支援を学級づくりの基幹とすることができ，学級の中で問題が生じたとしても，みんなで改善していくことができます。

学級経営の負担にならない程度で取り組む

　実際に学級担任をしながら，このような実践システムを構築したり，記録を取ったりすることは大変難しいものであるということも，重々承知しています。ここで示した手順は，実践による効果が生まれるように，ポイントを押さえながら述べていますので，あれもこれもとていねいに書いています。学級でポジティブ行動支援に取り組む上で大切なことは，

> できることからできるだけやる。やりたいこと，やってよかったことをやる。

ということです。あれもこれもと最初から100点満点の取り組みを行うのではなく，まずは先生が子どもたちのポジティブな行動に着目する，そしてポジティブな方法でポジティブな行動を支援するという原点に立ち，できることから取り組んでいただければと思います。

　毎週が難しければ毎月，毎日の記録が難しければ３日に１回と，**学級経営の負担にならない程度で取り組む**ということはとても大事です。長い教師人生の中で，うまくいったことはきっと先生方の経験に残っていくと思います。その経験の一つに，ポジティブ行動支援がなればと願っています。

ポジティブ行動支援プラクティス

○一つの行動に焦点を当てて，子どもたちと行動について考えてみましょう。
○行動支援計画シートを使った学級会を実際に行ってみましょう。
○記録を行ってみて，データに基づいて実践をふりかえってみましょう。
○ポジティブなフィードバックのバリエーションを増やしてみましょう。
○自分の学級でできるポジティブ行動支援が継続するシステムを考えてみましょう。

学級における
ポジティブ行動支援
実践編

7章

学級でポジティブ行動支援に取り組もう！

本章のめあて

・具体的な行動支援計画の方法や手順を学ぶ。
・ポジティブ行動支援の実際から，多様な行動の支援をイメージできる。
・子どもの意見を取り入れながら実践を進めていくことができる。

教室移動の際に「静かに整列する」に取り組む！

【取り組みの手順】

①学級の課題から，取り組む行動を決める

　「静かに整列する」に取り組むきっかけとなったのは，整列するまでに時間がかかりすぎていて，一部の児童を待っていたり，それに対して批判的な声かけがあったりして，整列の度にネガティブな雰囲気になっていたことがきっかけです。また，整列が遅くなってしまうことから，移動先での授業の開始が遅れたり，体育の自由な時間がなくなったりと，デメリットも多くなっていたことが問題でした。さらにこの行動は，学級の行動表にも示されている，みんなの願いが込められた行動でもありました。

　こういった背景もあり，p.97の「学級の課題・がんばった方がいいこと」にも多くの子が書いていました。また担任であった私も，「これはちょっとまずいな……」と思って，どれくらい時間がかかっているんだろう，と気になって記録を取っていましたので，これをベースライン調査のデータとして活用できると考えました。このように，

> 学級の中で「課題かな？」と思ったら，記録を取っておく

ことは，学級の中でポジティブ行動支援を行っていく上で非常に有益になります。

　このようなこともあり，私からベースラインの記録を伝えつつ，「整列」について取り組んでみようと提案をしました。また，整列の後は教室移動をするのですが，そこでは静かに移動するということが学級の行動表に望ましい行動として整理されていましたので，「静かに整列する」ということを取り組む行動として決めました。

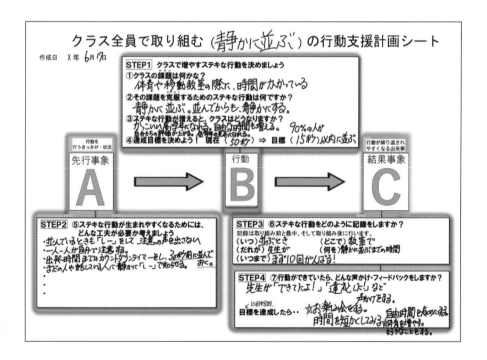

②行動支援計画シートを活用して，どのように「静かに並ぶ」を増やすか考
　える

　「学級会用行動支援計画シート」を使って，ABCフレームに基づいて取
り組む行動を増やす・引き出す工夫を考えます。「工夫」として子どもたち
からは，静かにするジェスチャー「しー（静かに口元に人差し指を当てる）」
をやってはどうかとか，整列を完了させなければならない出発時間までのカ
ウントダウンタイマーをやってはどうか，などの意見が出されました。子ど
もたちの意見を聞いていて，「それはいいなー」と感心していました。

　これを踏まえて「目標はどうしますか？」と聞くと，子どもたちが思い思
いに時間を言うので，発言のあった時間の範囲で0〜10秒，11〜15秒，16〜
20秒とどれがいいかを聞いて，「出発時間までのカウントダウンタイマーが
止まったあと，90％の人が15秒後までに静かに並ぶ」と決めました。目標を
決める際は，

> ・子どもの意見を踏まえながらも，実現可能な目標設定を心がける。
> ・全員が○○する，という達成目標は避ける。

ということが大切です。

　実は，子どもの声では，10秒が一番多かったのですが，**少しゆとりを持っ
て私の方で15秒と設定しました**。また，整列と言ったら「全員」が対象とな
ることは当然ではありますが，最後に並んだ子へのネガティブな関わりを避
けるために，その日に出席している児童のうちの90％の人が整列すること
しました。タイマーの計時を止めるのは私でしたので，このような基準でも
可能でした。

　このように集団を対象としたポジティブ行動支援の第1層支援では，

> ・80％〜90％を目標に設定する。
> ・なるべく人数は避けて，割合などで示す（割合の理解が難しい場合は，
> 　○点や○ポイントなどで伝えるといいでしょう）。

ということが大切です。何人と明確に言わないことによって，特定の子に焦点が当たってネガティブな関わりが生まれないようにしています。

　話し合いの後に数回，静かに整列する練習をしてみました。

③結果

　取り組み前の４回のベースライン調査では平均50秒でしたが，行動支援計画シートに基づいた取り組みによって10秒，15秒と減少していきました。子どもたちはタイマーを意識的に見て，整列しなければいけない時間までにトイレに行ったり，準備をしたりし

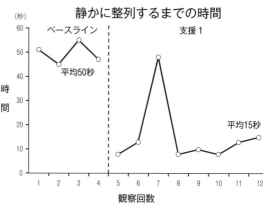

静かに整列するまでの時間

ていました。タイマーで，整列しなければならない時間の４分か５分前からカウントダウンを開始しました。

④記録に基づく行動支援計画シートの見直し

　グラフを見ると，行動支援計画シートに基づいて取り組みを始めた後の７回目に大きく悪化し，10回目以降も12回目までやや時間が増加傾向を示していることがわかります（支援１）。この結果に基づいて，行動支援計画シートを見直すための話し合いを行うことにしました。

　話し合いでは，時間までに整列するための工夫として，整列するまでにすべきことと，その時間について提案がありました。ある子が「カウントダウンをしているから，１分前には荷物を用意して，30秒前には自分の場所に立っていたらいいよ」と言ってくれました。するとほかの子が，「整列するときに"○○した方がいいよ"とアドバイスしたらいいやん」と言ってくれました。このように学級でのポジティブ行動支援は，

> その行動が実現しやすくなる学校生活の工夫・アイディアを子ども同士で共有できる

ことが大きなよさでもあります。"できないこと"を批判したり責めたりするのではなく，どうしたらみんなが"できるようになるか"を考えて，みんながみんなを支援する関係性を構築することができるのです。

その結果，13・14回目はカウントダウンが0(ゼロ)になる前に整列をし終えることができ，その取り組みの中の平均は4秒まで

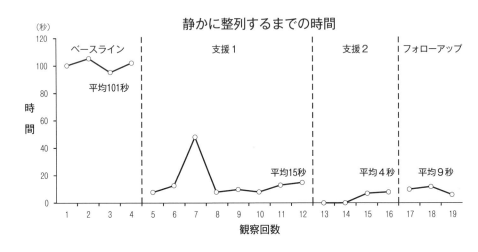

下がりました（支援2）。その後，カウントダウンタイマーをやめたフォローアップの期間でも，平均9秒と時間を維持できていました。

静かに整列するまでの時間

【取り組みの考察】
　整列や集合という行動は，一人だけがんばっても達成されるものではなく，

　「なんで自分だけ整列してるんだろう」

　「自分だけが集合しても意味がないんじゃないか」

　「まだ，みんな整列（集合）していないし，まだいいや」

と思ってしまい，悪化しやすい行動です。目標設定と目標達成までの手立てを明確にし，学級全体で共有することで，時間を短縮することができました。

　また，行動の結果事象としてしっかりとメリットを設定することも大切です。整列が早くなるということは，それだけ次の授業を大切にしていると言えますし，授業時間を尊重することは，仲間や先生も大事にしているということになります。そこで今回は，10回中8回（80%）15秒以内を達成したら「お楽しみ会をする」ということを設定しました。実際に見事達成し，1時間体育館で自由遊びをしました。このように，やってよかったと子どもたちが実感することも，ポジティブ行動支援では大切です。

スムーズに授業を始めるための「授業準備」に取り組む！

【取り組みの手順】

①学級の課題から，取り組む行動を決める

　2，3時間目の間の長い休み時間（30分間），授業が始まる5分前に教室に行くと，机の上に次の授業の準備をしている子が2，3人しかいないことに気づきました。この学校では，長い休み時間は終了のチャイムの前の5分前にも予鈴が鳴るので，この予鈴で外での遊びを止めて，子どもたちは教室に戻ってきます。この間にお手洗いや水分補給などをするのですが，そうこうしている間にこの5分は経過してしまい，授業開始のチャイムが鳴ってしまうのです。子どもたちは授業準備をしながら授業開始のあいさつに参加したり，はたまた授業参加が遅れてしまう子もいました。この時，昔の私であれば「ちゃんと授業準備しておきなさい！」とネガティブな声をかけていたと思います。しかし様子を見ると，子どもたちはこの状況に対して困り感を抱いている様子はありませんでした。

> 　子どもたちは「授業準備ができていない」のではなく，「授業準備の方法を知らない」のではないか

と，私は子どもたちの行動の原因を**行動スキルの未学習が要因**と仮定しました。また，机の中のスペースの問題で1日分の授業準備を机に置いておくことができず，2コマ分ほどしか授業準備物を置いておくことができないという環境の問題もありました。

②行動支援計画シートを活用して，行動が生まれやすい工夫について考える

そこで，私からこの問題について「休み時間が終わりそうな時に，授業準備をしていない人が多いのが気になるんだけど，どうしたらいいと思う？」と提起しました。子どもたちからは，「そういえば，あんまり準備してないなー」などと声が上がり，課題としては捉えているようですが，実際に授業開始時に準備物がそろっていないことに対して，子どもたちには教師ほど問題意識はないようでした。

そこで，「みんなの休み時間も大切だけど，みんなが焦らずに授業の準備をできるようにするには，どうしたらいいかな？」と聞き，その工夫を集めました。

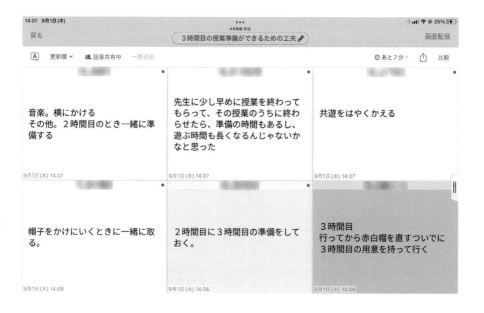

多くの子どもたちから，「早く教室に戻って準備をしたらいい」や，「前の時間に先生が声をかけて準備をできるようにしたらいい」などの意見がありました。その中で，いつも準備ができている子が「２時間目の準備をする時に，いっしょに３時間目の準備もしているよ」と言ってくれました。

　話し合いでは，その工夫がすばらしいということになり，みんなもそれでやってみようという話になりました。私自身も，そうすればいいなとは思っていましたが，

> 子どもたちの意見を尊重することで，主体的な話し合いを実現できる

と考えて，子どもたちの話し合いに委ねていました。

　この話し合いの後，一度２時間目の休み時間（５分間）に３時間目の授業準備もしてみて，どのようなメリットがあるかを話し合ってみました。

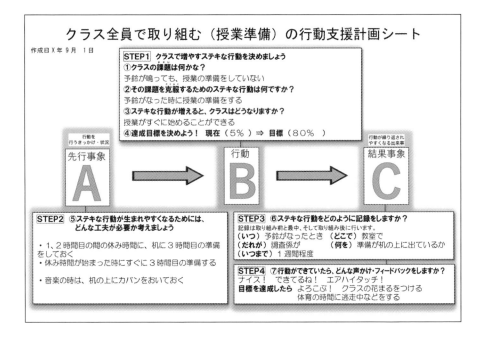

③結果

　取り組み前はできていた割合は６％でした（ベースライン）。この状況は,
私が準備を促す声かけをせず,子どもたちの自然な状況を観察したものです。行動支援計画シートの作成によって授業準備の方法を確認し,目標を決めたことで,平均で85％以上の

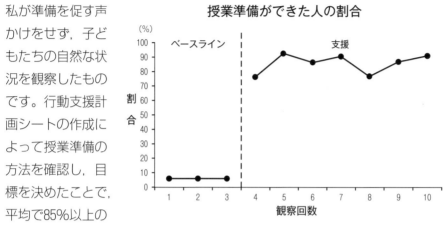

授業準備ができた人の割合

子が机の上に授業準備をすることができました。

【取り組みの考察】

　今回,この取り組みの必要性に私が気づいたときに,これは,

> 注意してできるようになる行動ではなく,教えてできるようになる行動だ

と考えました。子どもたちはやっていない,できていないのではなく,しなければならない,した方がいいということをわかっていないと感じたのです。

　よって,今回は私が提起する形で取り組みを進めていきましたが,学校生活における「ライフハック（生活の質や効率を上げるための工夫）」を子どもたちと共有するスタンスで進めました。

> "しなければいけない"ことではなく,"した方が自分たちの生活がよりよくなる"という行動を,学級みんなでできるようになればと願いました。

事実，子どもたちから出された改善策は「早く教室に戻って準備する」など，自らの休み時間を短縮させてしまうものでしたが，そもそも１，２時間目の休み時間は５分間のため遊びに行くことができないので，その時間を有効活用して長い休み時間を有効に過ごすことができるというのは，取り組みの意義があったなと感じました。

　子どもたちが未学習の行動や，生活がよりよくなる行動をできるようになることは，子どもたちが喜びを感じやすく，効果も感じやすいため，ポジティブ行動支援に対してより積極的かつ主体的に取り組んでくれるきっかけになると思います。

取り組みのふりかえりと行動表の見直し

学級での人間関係づくりや学級環境づくり，そして行動支援計画シートを活用したポジティブ行動支援によって，学級では様々な行動が実現できるようになっていきます。学級には，その成果のグラ

自分と仲間のかがやきを大切にしよう！

場面／価値	自分のかがやきを大切にする	友だちのかがやきを大切にする
授業中	□「どうしてなんだろう」と考えよう □Chrome bookを使うときと聞くときの切りかえをしよう	□教え合おう □アドバイスをしよう
時休間み	□授業が始まるまでに授業準備をしよう （できれば前の授業が終わった時に） □心を落ち着かせよう	□準備物や用意などをアドバイスをしよう □計画立てて準備しよう □歩いて過ごそう
その他	□学びを整理、まとめよう □机やロッカーの整理整頓をしよう	□理由や思いを聞こう □やさしい言葉で伝えよう □落とし物を届けよう □友だちや下級生の話を聞いてあげよう

フを掲示したり，学級通信で保護者の方と共有したりすることを通して，子どもたちとともに「できるようになった」「学級がよくなっている」ということを実感できるようにします。

　また，ある程度取り組みを終えたら，一度子どもたちとふりかえりの時間を持つこともいいでしょう。そこでは，子どもたちから自由にポジティブ行動支援の実践について意見を出してもらって，今後の方向性や取り組みについて話をしてもいいですし，

行動表を改訂してより高次な行動に挑戦していくこともいいでしょう。

取り組みの後は，簡単なアンケートを行いましょう。

アンケートでは，子どもたちにとってポジティブ行動支援は本当にポジティブ（肯定的）な経験であったか，生活において意義があったかどうかという概念である「社会的妥当性」について質問紙調査を行います。

社会的妥当性についてのアンケート内容としては，（遠藤ら，2008）を参考に以下のような質問が考えられます。

- ☑ 学級でどういう行動をすればいいか，わかりやすかった。
- ☑ 私は，前よりもポジティブな行動をするようになった。
- ☑ 実際にポジティブな行動が多い学級になった。
- ☑ 仲間同士の前向きな声かけがふえた。
- ☑ ポジティブな行動について，友だちからはげまされた。
- ☑ 友だちから悪口を言われて，いやな気持ちになった。
- ☑ ポジティブな行動に取り組むことが好きになった。
- ☑ 友だちからのプレッシャーを感じてつらかった。
- ☑ ポジティブな行動をして，友だちから認められた。
- ☑ 友だちのポジティブな行動を見つけることは大事だ。
- ☑ ポジティブな行動をもっとやりたい。

これらの質問に対して，「あてはまる」から「あてはまらない」までの4〜7択で質問します。また，「ポジティブな行動」という文言は，行動をどのような言葉で表現していたかに合わせて適宜変えていただければと思います。

 ポジティブ行動支援プラクティス

○学級の課題を解消させるポジティブな行動の行動支援計画シートを作ってみましょう。

○子どもの意見を尊重しながら実践を進めてみましょう。

○記録に基づいて，行動が改善しない場合は学級で話し合いを行ったり，また行動目標を達成した時は，みんなでお楽しみの機会を設けましょう。

個別・小集団支援を実現するポジティブ行動支援

8章

ポジティブ行動支援による個別・小集団支援に取り組もう！

本章のめあて

・個別・小集団支援の具体的な方法を学び，学級での多層支援を実現する。
・学級において個別・小集団支援を一般化する方法を学ぶ。
・実際の支援の様子から，多様な行動の個別・小集団支援をイメージする。

個別・小集団支援の実践システムと取り組みの方法

Step 1　第 1 層支援を通して個別・小集団支援のニーズを把握する

Step 2　支援する行動と支援メンバーとの合意形成

Step 3　ベースライン調査を行う

Step 4　行動支援計画を作成する

Step 5　ポジティブ行動支援を実行する

　ポジティブ行動支援は，応用行動分析学における ABC フレームに基づいて支援を行うフレームワークであり，その行動支援の対象が集団であっても，個人であっても取り組みの手順や考え方について大きな変わりはありません。

全体支援（第１層支援）と個別・小集団支援（第２層支援）とのつながり

　7章の学級全体で取り組んだ「静かに整列する」では，目標値が90%でした。つまり学級で一部の子が整列に参加できていなくても目標を達成したということです。このように，取り組みの目標に余裕を持つことによって，子どもたち同士のネガティブな関わりを生み出さない工夫をしているのは先述の通りですが，この10%の子を，そのまま放っておくわけではありません。よく観察すると，荷物を準備することが困難であったり，トイレや水分補給などの休み時間にしなければならないことが後回しになってしまい，休み時間のタイムマネジメントに困難を示す子がいたりします。

　このように，学級には個別に行動支援のニーズがある子が必ずいます。そういった子には，**全体支援だけでなく，同時に個別・小集団支援を行う多層支援で取り組んでいくことが必要です。**全体支援を行った後では，個別の支援が必要な子は比較的少数ですが，全体支援を行っていなければ，支援の対象者がもっと多いことが考えられます。ポジティブ行動支援が多層支援である理由はここにあります。

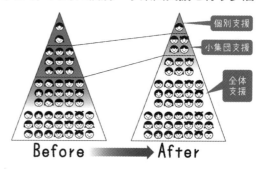

　ポジティブ行動支援では，まずは学級全体の子に対する支援（第１層支援）を行います。第１層支援によって，多くの子の行動の改善が見られたら，そこで行動の実現が難しい，困難さを抱える子や小集団に対して第２層支援を実践していきます。

　そうすることによって，支援が必要な子に対してもぐら叩き的に支援を行うのではなく，必要なニーズに焦点を当てて支援を行うことができます。

学級の子どもたちと「ニーズに応じた支援」について共通理解する

　日本の学級では，学級担任による全体支援のみで学級経営や学習指導を行っていくことがまだ一般的です。よって，誰かが担任から個別に支援を受けるということに，子どもたちが抵抗を抱くことが考えられるでしょう。最近は，算数などで少人数指導などが行われ，学習支援のニーズに応じて支援・指導を選択することは一般的になっていますが，行動支援についての理解はまだまだです。

　そうした状況の中で学級の子どもたちに多層支援の理解を促すためには，

> 　学級全体でのポジティブ行動支援を通した行動変容を日常的に行い，「ニーズに応じた支援」を当たり前にできる状況をつくっておくことが有効です。

　また行動支援のニーズは個人によって異なり，それに応じて支援の方法も異なるということを，日ごろの学級経営や学習指導を通して一般化していきます。具体的には，算数の授業では個人のニーズに応じて「九九表」や「単位換算表」，デバイスなどの補助ツールの活用を促したり，体育の授業ではそれぞれがレベルの異なる達成目標にチャレンジするなど，多様な方法での学びを許容し合える関係性をつくっておくことで，多層支援を学級へ一般化することができます。

「ニーズに応じた支援」を学級で一般化する「自分研究」

　個別支援で一番抵抗を抱かれやすいのが"その子だけ支援する"ということです。子どもたちは「贔屓している」「差別だ」などと言うことがありますし，支援を受ける側も「自分だけみんなと違う」「みんなと同じがいい」などと思ってしまいます。こういった子どもたちの反応に対して，教師や保

護者は対応に苦慮してしまい，個別支援，多層支援の導入の障壁となっている現状があります。私はこのような状況になりにくい手立てとして，

子ども自身が，自分の行動について自分で行動支援計画を作成する「自分研究」という取り組みを行っています。

これにより，みんなが自分自身の行動を変容させることに抵抗をなくすことができ，教師の個別的なサポートも自然に行っていくことができます。

このような取り組みを通して，個別・小集団への支援に対する理解や，それを可能とする子ども同士の関係性を学級において促進します。それにより，

子ども一人一人に多様なニーズがあることを前提として，それぞれの学校生活に必要な支援や環境整備を実現することができる，**インクルーシブな学級環境**をつくっていくことができます。

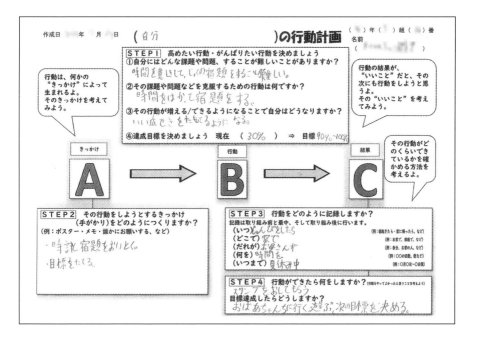

Step 1　第1層支援を通して個別・小集団支援のニーズを把握する

　p.108，7章の学級全体で取り組んだ「静かに整列する」において，時間に整列することに困難を示していた A さんと B さん。この子たちに声をかけて，整列する時の状況や困難さについて話を聞いてみました。すると，

〈A さん〉
　前の授業の片づけと次の授業の準備を5分で行うことが難しい。
〈B さん〉
　友だちの話や，興味がある出来事に注意が行ってしまい，準備を行うことが難しい。

という話をしてくれました。また，話の中では，「こういうことがあると今までは先生から怒られていたけど，でも物を整理するのが苦手やからどうしようもないねん」と言ってくれました。子どもたちの話をよく聞くと，

　どうしようもできない自分に困っていて，がんばる気になれない

とも言ってくれました。こういった子に対して，「ちゃんとやりなさい！」「なんであなただけいつも遅いの !?」なんて言葉をかけても，逆効果です。個別・小集団支援では，がんばるか否かという根性論ではなく，

　具体的な行動スキルを教えて，できる行動を増やしていく

というポジティブ行動支援の考え方を大切にして取り組んでいきます。
　また支援の開始に当たっては，**保護者との連携や学級集団の理解を促すことも必要です。**

Step 2　支援する行動と取り組みを行うための合意形成

　話し合いの結果，AさんとBさんは同じ行動「準備物を準備する」に取り組むこととなりました。本章が個別支援という言葉を使わずに「個別・小集団」という言葉を使っている理由はここにあります。ポジティブ行動支援は，

> その人個人ではなく，行動に焦点を当てて支援を行うため，支援の対象は同じニーズのある複数の子どもになることもあります。

　この場合，AさんとBさんが一緒に取り組んでいくかどうかは，この二人の関係性を考慮して判断していただければと思いますし，**同じ行動に取り組むとしても，環境との相互作用で支援の方法が異なりそうな場合は，別に話し合いを持つ必要があります。**今回はAさんとBさんは友だち同士でしたので，お互いにたたえ合いながら取り組んでいけそうに感じました。取り組みを行うメンバーが決まったら，以下のことについて合意形成を行います。

> ・がんばっていることを先生や仲間が励ましたり，称えたりするために行う。
> ・難しいことや我慢していること，嫌なことがあれば先生に言う。
> ・取り組みを変えたい場合や終わりたい場合も，先生に言う。

　このような話をすることで，安心して行動を高めていってほしいという願いを伝えます。ポジティブ行動支援において極めて大切なことは，

> 問題行動を我慢させたり抑制したり止めさせるのではなく，ポジティブな行動を増やしていく

ということです。支援がその子に合っているかどうか，その子のためになっているかどうかを観察しながら取り組むことが重要です。

Step 3　ベースライン調査

　支援する行動が決まったら，次はベースライン調査を行います。ここで必要なデータは，支援する前の行動データになりますので，例えば第1層支援の最中に個別にその子の行動のデータを記録してもいいでしょう。

> 　個別に行動を評価するシートとして，「チェック-イン/チェック-アウト」というものがあります。
>
> （池島・松山，2015）

これは各時間に課題であると考えられる行動について個別に

時間	行動	授業準備をする	机の上や周りを整理する	授業中の課題に取り組む	合計
1時間目 教科 （理科）	ポイント	0・1・2	0・1・2	0・1・2	0 /16
2時間目 教科 （総合）	ポイント	0・1・2	0・①・2	0・①・2 カードを書いた	2 /16 4
3時間目 教科 （社会）	ポイント	0・1・2	0・①・2	0・①・2	0 /16
4時間目 教科 （国語）	ポイント	0・1・2	0・①・2	0・①・2	0 /16
5時間目 教科 （算数）	ポイント	0・①・2	0・1・2	0・①・2	2 /16
6時間目 教科 （英語）	ポイント	0・①・2	0・①・2	0・1・2 計画できます	2 /16
		1 /12 （8.3%）	3 /12 （25%）	2 /12 （16.6%）	6 /34 （17.5%）

A さん がんばり シート

（　）月　（　）日　（　）曜日　名前（　A　）

コメント
持ちものを朝・業間休み・昼へ2時間分準備しよう。
先生が声をかけると「は。」として すぐに行動できるのは good です!!

いくつかの段階で評価を行い，行動の状況について記録し，アセスメントを行うというものです。これによってどのような場面で行動に困難を示しているのか，また時間や教科などでどのような傾向があるのかを把握することができ，より的確な支援を実現します。今回は授業準備以外に，私の方でその行動に影響を与えていると考えた「机上や机の周りの整理」「授業中の課題従事」も一緒に調査することとしました。その結果，二人とも準備物が複数必要な教科において，行動が困難な状況が明らかになりました。

ベースライン調査の結果を踏まえて，子どもたちと一緒に行動支援計画シートを作成しました。AさんとBさんは，一緒に行動することが多く，休み時間も一緒に話し合ったり，遊んだりしていました。ですので，どうしても二人揃って整列に間に合わなかったり，準備物の用意が揃わなかったりすることがありました。ベースライン調査において，様々な課題が明らかになりましたが，あれもこれもと取り組むと子どもたちの負担にもなるので，特に整列する際に影響すると考えられる授業準備の行動に焦点を当てて行動支援計画を行うこととしました。

　調査より，特に準備物が多い理科や社会の授業準備の結果がよくありませんでした。そのことを二人に聞いてみると，「確かに，何を準備していいか

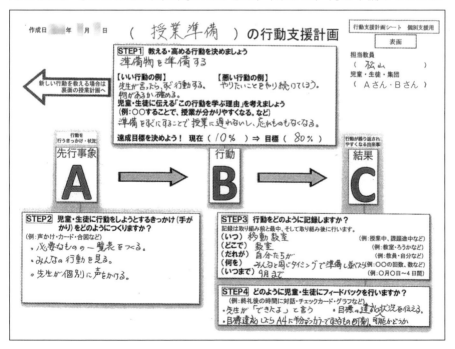

わからなくなる」と言ってくれました。そこで，何が必要なのかが一目でわかりやすくなる一覧表を作成することとしました。また，AさんとBさんはわざと遅れているわけではないということを私は理解していましたので，休み時間に入る前と，間に合いそうにない時の2回，声かけをすることとしました。また，できている様子をしっかり見取り，積極的に何ができているかを具体的に伝えるようにしました。記録は整列時に授業の準備物を持ってみんなと一緒のタイミングで並べたかどうかを調査することとしました。また，ベースライン調査時に課題として明らかになった行動も引き続きチェック - イン／チェック - アウトのシートを使用して，私が調査を行うこととしました。整列する機会の80%でみんなと一緒のタイミングで整列できれば，A4の紙に二人でレイアウトした写真などをカラーで印刷することを"行動のメリット"として設定しました。行動支援計画を作成後，一度AさんとBさんのロッカーを整理することとしました。

> 特に準備物が多い理科や社会は，大きなテキストにすべての準備物を挟んで一つにまとめて保管することで，毎回一つ一つ必要なものを準備しなくてもいいようにしました。

このような一工夫によって，行動は大きく変わる可能性があります。

Step 5　個別・小集団へのポジティブ行動支援の取り組み開始！

　行動支援計画シートに基づいて支援を行うことで，子どもたちもより意識をして行動するようになりました。周りの友だちも，AさんとBさんががんばって行動に取り組んでいるということを知っていますので，「早くなってるよ」「ロッカーの中をきれいに整理できているね」などと担任の声かけに合わせて，ポジティブに声をかけてくれました。

　取り組みの結果，13回の移動教室の際の整列において，Aさんは9回，Bさんは11回，整列に間に合うようになりました。またその結果が向上するに

つれて，「机上や机の周りの整理」「授業中の課題従事」にも取り組めるようになってきました。授業に必要なものが揃うようになることで，できることが増えるようになりました。

このような行動の改善と同時に，子どもたちに，その行動によってできるようになったことを伝えることを心がけました。同時に調査していた行動データから，

「準備物が揃うようになると，授業もがんばってできるようになっているね」

時間	行動	授業準備をする	机の上や周りを整理する	授業中の課題に取り組む	合計
1時間目 教科 （英語）	ポイント	0・1・②	0・①・2 動き出し	0・①・2 一部	4 /6
2時間目 教科 （算数）	ポイント	0・1・②	0・①・2 本を読む	0・①・2	4 /6
3時間目 教科 （理科）	ポイント	0・①・2 シート以外	0・①・2	0・①・2 シートにサイン	3 /6
4時間目 教科 （総合）	ポイント	0・1・2 準備なし	0・1・②	0・1・②	4 /6
5時間目 教科 （特活）	ポイント	0・1・②	0・1・②	0・1・②	6 /6
6時間目 教科 （国語）	ポイント	0・①・2	0・①・2 物が落ちる	0・1・②	4 /6
		8 /10 (80 %)	8 /12 (66.6 %)	9 /12 (75 %)	25 /34 (73.5 %)

コメント
物がそろうようになって安心しています。
整理はこまめにするのが難しいですが、がんばろうとしているのが伝わります。

や，「整理できるようになったことで，準備することが早くなったね」などと言葉かけをしました。このような言葉かけを通して，

> 一つの行動ができるようになることでいくつかの行動もできるようになり，自分自身にたくさんのメリットがある

と子どもたちに思ってもらえたらと願っています。

また，このような個別・小集団支援を通して「行動は環境を変えることでできるようになる」という気持ちを持ってほしいと思います。そうすることで，子どもたちがこれから出会う様々な困難に対しても，自分自身で環境調整をしながら克服していってくれるのではないかと考えています。

個別・小集団支援での工夫を学級全体でも！

今回，AさんとBさんの個別支
援のために作成した「必要な物の
一覧表」ですが，学級の一部の子
から「それ欲しい！」「自分で作
ろうかな」という声がありました。
こういったニーズが学級全体にあ

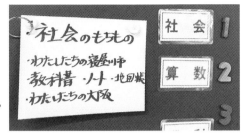

るとは私自身想定していませんでしたので，「それなら黒板の時間割のとこ
ろに貼っておこう！」ということになりました。これによって，個別・小集
団支援のツールが学級全体のツールとなったのです。もちろんこの一覧表が
不要な子もいることでしょう。しかしよく考えてみれば，最近の学校の授業
では，タブレットに加えてノートに教科書……などと大人もびっくりするぐ
らい準備物が多いです。従来の図工や音楽といった準備物の多い教科だけで
なく，情報や英語など教科も増加しています。さらには特別活動や総合的な
学習の時間ではその時々の取り組みによって準備物が異なります。このよう
な背景もあって，子どもたちは授業前に「いったい何を準備したらいいの
か」と困惑することもあったのでしょう。

> 潜在的にこういったことに困難さがあったけど，意思表明できなかっ
> た子がいたことを，このようなやり取りによって実感することができま
> した。また，子どもたちのニーズを知り，それに寄り添って支援策を考
> えることで，学校生活における様々な障壁や困難さをさらに知るきっか
> けにもなりました。

個別・小集団支援で考えられた行動の実現のための工夫をきっかけに，学
級担任と子どもたち，そして学級環境がよりみんなにやさしい環境になって
いくことは，私自身大変うれしいことでした。

個別・小集団支援において重要な関わりの充実

　ここまで紹介したポジティブ行動支援における個別・小集団支援ですが，行動支援計画シートを作成したり，チェック‐イン／チェック‐アウトのシートを活用したりして，一連の支援に学級担任が一人で取り組むことは，大変困難であることも承知しています。個別・小集団支援において大切なことは，**声かけや合図など，その子たちの行動が生起しやすくなるように関わること，そして行動が実現したあとにその行動がまた継続するように関わること。この２つの関わりです。**

　私自身，学級経営が極めて困難であった時に行っていた個別・小集団支援が「連絡帳にその日にあったポジティブな行動を記述する」というものです。これによって，保護者の方にも１日の行動をその子に承認や称賛してもらうことができました。どうしても問題行動が多い子にはネガティブに関わりがちですが，このような記述を通して，ポジティブな行動を記録しておくことは，子どもにとっても，私にとっても前向きになれるものであったと思います。

ポジティブ行動支援プラクティス

○学級や学校における多層支援の在り方について考えてみましょう。
○学級においてどのような工夫や日ごろの支援・指導を行うことで，個別・小集団支援が実現できるかを考えてみましょう。
○実際に第１層支援で明らかになった個別の行動支援のニーズに焦点を当てて，個別・小集団支援に取り組んでみましょう。

参考動画：子どもの行動から支援を考える機能的アセスメント（限定公開動画）
日本ポジティブ行動支援ネットワークの会員になることで視聴できます。詳しくは p.134をご参照ください。

●参照動画の視聴方法

　本書では，内容に応じて参考となる日本ポジティブ行動支援ネットワークが作成した動画を紹介しています。動画にはYouTubeに公開されている「公開動画」と，日本ポジティブ行動支援ネットワークの会員になることで視聴できる「限定公開動画」の2種類があります。

　各動画の視聴方法は以下の通りです。

公開動画

　YouTubeの日本ポジティブ行動支援ネットワーク公式チャンネルより視聴できます。

URL　https://www.youtube.com/@user-lg5qx1op2v

限定公開動画

　日本ポジティブ行動支援ネットワークの会員になることで閲覧できる「会員専用ページ」より視聴できます。会員登録は，ホームページ右上より行うことができます。

ホームページURL　https://pbsjapan.com/

学年・学校に広げる
ポジティブ行動支援

9 章

学校の中でポジティブ行動支援を広めていこう！

本章のめあて

・学校全体の子どもたちを対象としたポジティブ行動支援について知る。

・学校全体や学年の実践から，多様な学校での実践をイメージできる。

・学校の先生と実践について共有し，ともにポジティブ行動支援に取り組む。

ポジティブ行動支援は教師一人だけで取り組むものではない

　ポジティブ行動支援は，学校の先生方全員で取り組むことができるものです。それはまさに本書で整理してきたとおり，ポジティブ行動支援は特別なスキルや考え方ではなく，広く教師や子どもたち，そして保護者とも共有することができるフレームワークだからです。**学校全体で実践することで，より効果を高めることができます。**

　自分の学級ではポジティブ行動支援に取り組んでいるけど，隣の学級では取り組んでいない。また，目の前の子どもたちが進級した際に，次の学級担任の先生が子どもたちのネガティブな行動ばかりに注目してしまい，注意や叱責による指導の日常に戻るという状況は，子どもたちにとっても，学校にとっても望ましいものではありません。学校の教育システム自体を，ポジティブな行動を引き出し，増やしていくアプローチに変えていく必要があります。

ポジティブ行動支援を学校全体へ広げるために必要な「データ」の共有

ポジティブ行動支援を学校で広めていくために必要な要素は1章でも紹介した「実践」「データ」「システム」です。

その中でも広めていくためには，「データ」が重要な要素になります。

学校における実践の多くは，効果が実証されな

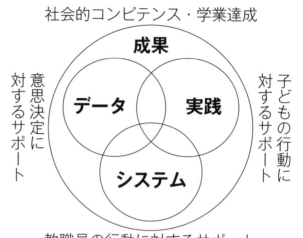

社会的コンピテンス・学業達成

成果

意思決定に対するサポート

データ　実践

システム

子どもの行動に対するサポート

教職員の行動に対するサポート

(Horner & Sugai, 2015を参考に筆者が作成)

いものばかりですが，**ポジティブ行動支援はデータの収集を重視し，データに基づいて実践を計画・修正していきます。**よって，ここまで記してきたことに基づいて学級でポジティブ行動支援に取り組むと，自ずとデータが生み出されるのではないかと思います。このポジティブ行動支援による効果を示したデータを学校の先生方と共有することが，ポジティブ行動支援を学校全体に広げるために重要なことだと考えます。

　データの共有に有効なのは，結果グラフの掲示や共有です。例えば学級の掲示の一つとしてグラフを掲示したり，学級通信などで学年の先生と共有するといいでしょう。効果が明らかになっているということで，その実践の具体やシステムについて，興味を持ってもらいやすくなります。学校では，感覚的に子どもの変化を見取ることに慣れていますが，その**実感とデータが合致していると，より関心を持ってもらいやすくなるでしょう。**

ポジティブ行動支援を学校全体へ広げるために必要な「実践」の共有

　学級においてポジティブ行動支援に取り組んでいると，教室の人間関係づくりや学級環境づくりのための掲示物によって，教室内に様々な仕掛けがあると思います。実践に関心を持ってもらえれば，その先生を教室に誘うことをおすすめします。子どもたち同士がポジティブに関わるきっかけとなる掲示物や，ポジティブな行動が引き出されるような仕組みが，たくさん実装されているからです。またその環境からは，先生と子どもたちとの実践のストーリーを自然と思い浮かべることができます。まさに，

> 教室環境は子どもたちのポジティブな行動のきっかけでもあり，
> 同僚の先生とポジティブ行動支援の実践を交流するきっかけでもある

のです。

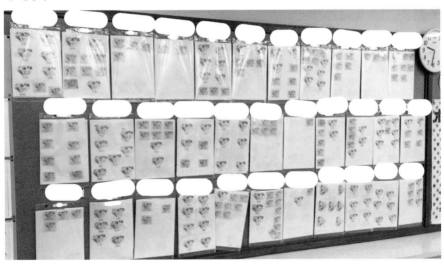

ポジティブ行動支援を学校全体へ広げる方法とは！

　ポジティブ行動支援を学校で広めていくために，どのようなストーリーが考えられるでしょうか。無理に実践を広げようとすると，先生方に抵抗心を抱かせてしまうかもしれません。

　まずはじめに，自身のポジティブ行動支援の実践に対して，理解者はいるでしょうか。また，その理解者は同僚，管理職，どのような立場でしょうか。管理職が実践に対して理解してくれていることは，学校全体での実践につながる大きなきっかけになります。また，管理職に理解を得ることが難しい場合でも，学年の先生に理解を得られると，学年全体での実践が可能となります。学年での実践は，一人での実践よりもインパクトがありますし，他の先生方にも提案できる実践が行える可能性が広がるかもしれません。本章では，私がこれまでに経験したいくつかのストーリーに沿って，ポジティブ行動支援の共有方法や実践の手順を紹介したいと思います。

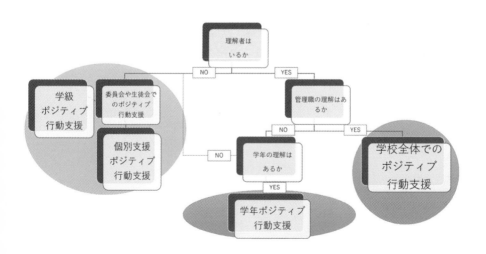

どうすれば同僚の先生とポジティブ行動支援を共有できるのか

　私はよく，ポジティブ行動支援を学級や個別支援で実践されている先生から，「どうすれば，ポジティブ行動支援を学校全体に広げることができますか？」と質問を受けることがあります。

　私はそれに対して，

> 　自分自身がポジティブ行動支援実践者であり続け，自分の周りの先生
> 方のポジティブな指導・支援が起きやすい環境であり続ける

と答えます。**ポジティブ行動支援は，人に対して強いて実践できるようなものではありません。** まさにポジティブ行動支援とは教師としての生き方そのものなのです。

　しかし，その逆にネガティブな関わりも生き方として染みついてしまっていることがあります。この転換は容易ではありません。ですので，同僚の先生方がポジティブ行動支援に取り組んでみたい！，どのように支援するのかを知りたい！　そう思ってもらえるような指導・支援を継続し，ポジティブな教室環境や，子どもたちの姿を育み続けることが，ポジティブ行動支援を学校全体に広げるためにできることだと思います。

委員会活動で取り組むポジティブ行動支援

　学校の中で理解者は少ない。でも学級を超えて学校へポジティブ行動支援を広めたい。そのような状況の中でも学校全体でのポジティブ行動支援を実現できるのが，「児童会・委員会活動」です。児童会・委員会活動では，それほど制約なく，学校すべての子どもを対象とした取り組みが行われています。私のこれまでの経験では，児童会・委員会活動は比較的少数の教員が担当し，比較的自由な実践がしやすいものです。学習指導要領（特別活動編）では，児童会・委員会活動の目標は，「集団の一員としてよりよい学校生活づくりに参画し，協力して諸問題を解決しようとする自主的，実践的な態度を育てる」と示されており，まさに子どもたち主体のポジティブ行動支援を行うには最適であると言えるでしょう。

〈委員会活動によるポジティブ行動支援の実際〉

【取り組みの手順】
①委員会が取り組みの対象とできる学校の課題を考える

　新しい学校に着任してすぐ，学校でポジティブ行動支援が広まっていない状況の中で，「校内環境委員会」という委員会活動で実践を行いました。新しい学校に着任した時に担当する委員会を確認した私は委員会名から，「なんでもできそうだな～」と思いました。

　担当となった子どもたちと出会い，校内環境委員会が取り組みの対象にできそうな学校の課題について考えました。

> 「昨年度は，この委員会は傘立てに残っている傘を教室に届けていた
> よ！」
> 「みんなの靴箱がきれいになるような取り組みをやってはどうだろう」
> 「そういえば，休み時間にみんなが使う竹馬が，きれいに片付いてない
> な」

などと，話が出てきました。これらの話を通して，まずは１学期の校内環境
委員会では「傘立て整理」「靴箱整理」「竹馬整理」の３つに取り組むことと
なり，役割分担を行いました。

②どのように課題を解決するかを考え合う

　「じゃあ，どうすればいいかな」と子どもたちに聞いてみます。
　「傘は昨年と同じように教室に届けると，傘立てがきれいになると思う」
　「休み時間に靴箱を見て回ったらどうかな」
　「担当を決めて，休み時間の最後に竹馬を整理したらいい」
などと，意欲的な子どもたちは自分たちで解決しようと考えます。
　ここで，私は子どもたちにこのような言葉をかけました。

> この委員会のみんなでやればすぐに解決できるけど，
> 学校のみんなが自分たちで解決できるような工夫をしてみない？

　子どもたちは「え!?　どうやって？」という表情でした。ここで，行動
のＡＢＣフレームとポジティブ行動支援について説明をしました。

③記録と啓発を兼ねたポスターを通したポジティブ行動支援

　とはいっても，学級の中でのポジティブ行動支援のように，それほど計画や実践に時間をかけることはできません。しかも，子どもたちが主体となって取り組むことが大切ですから，子どもたちの「やってよかった」「やってよくなった」というモチベーションも重要になってきます。このモチベーションを高める上で重要なのが，取り組みの成果であるデータです。そこで，記録と取り組み啓発を兼ねたポスターを作って，課題解決に取り組むこととしました。

　ポスターには，①取り組みの目標，②担当者，③チェックポイント，④「できた」と判断する基準の状態の写真，⑤できている割合の推移を示したグラフの5つを示しました。傘立て整理と靴箱整理のポスターは，なるべく全員が通過する場所に，竹馬整理のポスターは竹馬が置かれている場所に掲示しました。

④どのように記録を取るかを決める

　次に，記録をどのように取るかを決めます。記録の方法を決める際は，

> ①記録の際の「できた」と判断する基準は，どのような状態か
> ②記録の頻度と役割分担はどうするか
> ③どのタイミングで記録するか

この3つを決めます。

　①の記録の際の「できた」と判断する基準は，委員会の子どもたちにとっても，記録する際に必要なものとなりますし，学校すべての子どもの達成基準にもなりますので，基準を明確にすることが大切です。今回，取り組んだ3つは，状態を見ればわかるものでしたので，記録として「できた」と判断する状態に整えたものを写真に撮って，委員会の子ども同士で記録の際の基準として共有することとしました。また，その写真をポスターの中に入れることで，学校の全員と「できた」と判断する基準を共有することとしました。

【「できた」と判断する基準】

・「傘立て整理」⇒傘を巻き留めたものを，自分の番号のところに入れる。

・「靴箱整理」⇒靴をそろえて，自分の靴箱に入れる。

・「竹馬整理」⇒色を分けて，高さをそろえて立てる。

　②の記録の頻度と役割分担については，担当する子どもたちが負担にならないように，毎日とは限定せず，例えば月曜・水曜・金曜や週に〇回，傘立て担当は雨が降った後の2日間などと，負担なく継続可能な範囲で記録を取ることとしました。記録は「できたと判断した数÷全体数×100」の百分率で示すこととしました。

【取り組みの結果と考察】

　一つの委員会で，子どもたちそれぞれが自分で課題だと思ったことに取り組みましたので，子どもたちは高いモチベーションで取り組んでくれました。

　また，委員会の子が記録を取ると同時に，ポスターを見て自分から片付けをする下級生の子に「ありがとう！」や「助かるよ！」などとポジティブな声かけをする姿が見られ，いい雰囲気で取り組みが行われました。結果としては，どの取り組みもよい結果が見られましたが，竹馬は「色を分ける」「高さをそろえる」と，できたとする基準が難しかったこともあり，結果がよくない時もありま

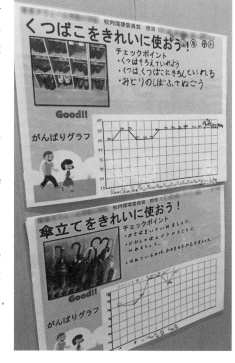

した。ですが，記録を取った後に基準を示す写真の通りに委員会のみんなで片付けをすると，その後できている割合は改善しました。取り組みを通して，自分たちの取り組みの成果が結果として現れることに，委員会の子どもたちはやりがいと充実感を感じているようでした。

　2学期では，これ以外の学校の課題に焦点を当てて取り組みつつ，1学期に取り組んだ3つの状況も1ヵ月に1度程度フォローアップ調査をし，状況を見守ることとしました。

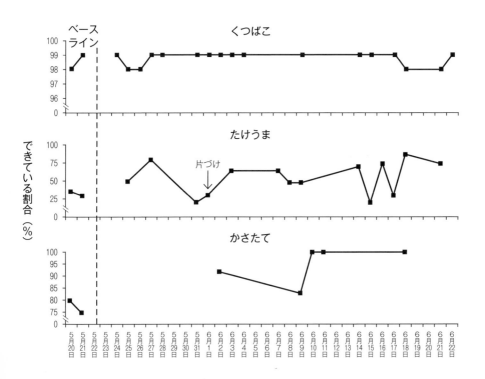

小学校児童会活動を通したポジティブ行動支援

　小学校の児童会活動は，委員会活動より教員の担当人数が多かったり，取り組み自体が学校全体の取り組みと連携していたりと，委員会活動でのポジティブ行動支援より少し実践のハードルが上がるのではないかと思います。しかし，児童会活動はほとんどの取り組みが学校すべての子どもを対象とした取り組みですし，学校においてポジティブな行動を増やす・引き出すことを目的とした取り組みが多く行われることもあり，ポジティブ行動支援を学校全体に広げていくにはとっておきの組織であると言えるでしょう。

〈児童会活動によるポジティブ行動支援の実際（松山，2018）〉

【取り組みの手順】
①児童会で取り組む活動内容について考える
　私が担当として関わった児童会活動では，児童が積極的に参加し，学校全体をよりよくしていこうと，様々なことに年間を通して取り組みが展開されていました。しかし，教員の異動が多い中で，取り組みの中には「なぜ取り組んでいるか」という目的意識を持たずに取り組まれているものも少なからずありました。昨年度取り組んでいたから今年も取り組もう，というように，前例踏襲で物事に取り組むことが多くなっていました。するとどうしても教員が主体となってしまい，子どもたちに「○○させる」というスタンスで取り組みを行っていました。取り組みによってどの程度の効果があるのか，また取り組みによってどれだけよりよい学校生活が送られているのかは，明らかにされていませんでした。

　このようなこともあり，児童会の子どもたちにどのようなことに取り組みたいかを尋ねることにしました。

　すると，子どもたちは「あいさつ運動！」と，毎年行っている取り組みを言いました。前例踏襲ではあるものの，子どもたちから出た意見であること，

146

また毎年行っている取り組みをポジティブ行動支援に基づいて行うことで，学校の先生方に対してインパクトもあるのではないかと思い，取り組みを進めていくこととしました。

②行動支援計画を活用して，どのように「あいさつ」を増やすかを考える

　この取り組みでは，児童会担当の先生4人と子どもたちと取り組みの計画を共有していくために，3章で紹介した行動支援計画の発展版である「小学校児童会・委員会用行動支援計画」を使用することにしました。取り組む行動は「自分から進んで，相手の顔を見てあいさつする」と決めて，以下のように行動支援計画を作成しました。

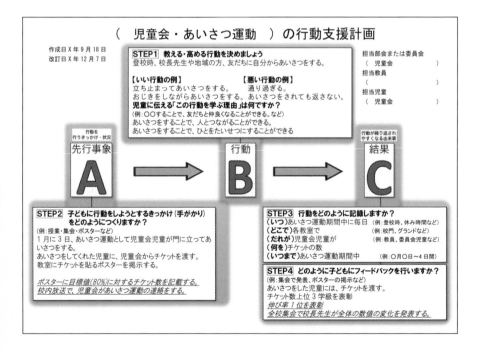

取り組みは，**子どもと教員の負担にならないように，毎月初旬の連続する3日間で実施すること**とし，子どもと教員は分担して月に1日，いつも校門に立ってあいさつをしている校長とともに「あいさつ運動」を実施することとしました。

　あいさつ運動時にあいさつをした子どもに，画用紙を小さく切ったもの（以下，チケット）を渡し，そのチケットを各教室に掲示したポスターに自分で貼り付けてもらいました。そして，そのポスターに貼ってあるチケットの枚数を児童会の子どもたちが数えることで，あいさつ数を記録することとしました。**チケットを3日間で3色違う色にすることで，日別のあいさつ数がわかるようにしました。**

　フィードバックについては，児童会の子どもたちから「がんばったクラスを表彰したい！」という言葉が出てきたので，チケットを渡すとともに，「上位3学級を表彰する」ということも行うこととしました。

　作成した行動支援計画は，取り組みを職員会議に提案する際の文書として学校内のすべての教職員に配布し，ＡＢＣフレームに基づいて計画を説明しました。会議では，行動支援計画に付け足した方がいいことや配慮すべきことなどを学校内のすべての先生に尋ね，それらの意見も行動支援計画に踏まえることとしました。このように計画して取り組むと，ベースライン調査であった10月の平均46%と比べてあいさつの割合が10%近く増加しました。

③記録に基づく行動支援計画の見直し

　グラフを見ていただくと，11月から12月にやや減少していることがわかります。同じ取り組みを2ヵ月行った結果，少しではありますが悪化したのです。こ

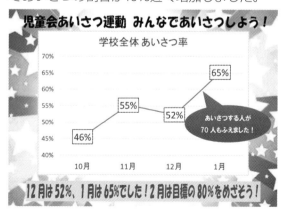

の結果を受けて，児童会の子どもたちは行動支援計画を見直すこととしました。そこで，一人の子がこれまでの各クラスのポスターの結果から高学年のあいさつが少ないことを発見しました。また，「上位３学級の

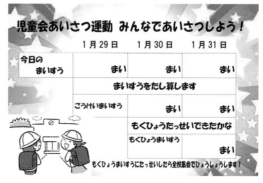

表彰」だと，表彰されるクラスはうれしいかもしれないけど，それ以外のクラスは取り組みに興味関心を持ってくれないかもしれないという声が上がりました。また，しっかりと目標をもって取り組むことが重要であるという意見から，目標を80％と設定し，各クラスの人数に合わせて目標達成するあいさつ数を書き入れたポスターを各教室に掲示することにしました。このような意見から，行動支援計画のSTEP２と４を見直しました（p.147の斜体・下線部は見直した結果，付加した工夫や取り組みです）。その結果，１月は65％まで結果が向上することとなりました。

【取り組みの考察】

　昨年度も同じ取り組みを行ったこともあり，データとしてあいさつ数が向上していること，チケットによってあいさつをしている子との直接の関わりを大切にできたことなど，これまでとの取り組みの違いに，学校の先生方や管理職にも，好意的な言葉をいただきました。取り組みが２学期からだったこともあり，校長からは「これに取り組んでいた３日間以外の日も，あいさつが増えていることが実感できた」「来年度はこういったデータに基づくあいさつの取り組みをできるだけ早い時期に実施して，この取り組みを様々な委員会へ広げていってほしい」とお言葉をいただきました。

　実際に取り組んだ子どもたちは，「毎年取り組んでいるあいさつ運動が，どうすればもっとよくなるのかと思っていたけど，積極的に工夫を考えるこ

とができた」「結果が表れることで，みんなの取り組みへのやる気も高まった」「チケットを渡すことで，あいさつした人と確実に関わることができた」「温かい気持ちの人を知ることができた」などという感想を出してくれました。

　また今回の実践の反省点として，学級に対して表彰するということは**学校全員のモチベーションにつながらないことがわかりました。**

> 　学校全体を対象として行う取り組みのフィードバックは，学校全体に対して行うべきであるということを，この実践から学びました。

　今後は，「学校全体として」どれだけ成長できたか，ポジティブな行動が増えたかを発表していこうということになりました。

学年で取り組むポジティブ行動支援

　学年の先生がポジティブ行動支援に理解を示してくれたら，学年全体の子どもたちを対象としたポジティブ行動支援に取り組みましょう。学校において，学年での取り組みや成功事例というのは，大変インパクトのあるものです。また学年の行事など，一つの目標に向かってみんながいっしょにがんばっていくことができるのも大きなメリットがあります。

〈学年で取り組むポジティブ行動支援の実際〉

【取り組みの手順】
①学年の先生方と，学年全体の課題を考える
　４年生として新しい１年が始まって１ヵ月近くが経った時，学年の先生と話し合いをしました。そこでは，「子どもたち同士，仲がよくていろんな子同士が話をしているね」「活発な子が多くて，とても元気だね」などと，ポジティブな話が出されました。しかしながら，それらがもたらすネガティブな面もあり，「静かに話を聞くことが難しい」「授業中に子ども同士が話をしてしまって，収拾がつかなくなってしまう」などという課題が出されました。これらはどのクラスでも共通の課題であると，学年の先生と認識しました。ポジティブ行動支援に取り組む際は，

> 　あれもこれもと取り組むのではなく，一つの行動に焦点を当てて取り組む

ことが大切です。そこで学年として，「先生や友だちが話をする時は静かに話を聞く」という行動に焦点を当てて取り組むこととしました。

②ポジティブな行動を教えるための指導案の作成

学年の課題を解決するためには「先生や友だちが話をする時に静かに話を聞く」という行動が子どもたちに求められます。この行動の実現のために，どのような工夫が考えられるか，学年の先生に ABC フレームの説明を行いつつ，一緒に考えてみることにしました。

ステキな聴き方
①姿勢を正す
②他のことをしない
③相手の目を見る
④静かに話を聞く
⑤言いたいことは，手をあげてあたってから

その結果，話の聞き方について日ごろの指導では「"ちゃんと静かにしなさい"と言ってるけど，何が"ちゃんと"なのかわかってないよね？」という意見や「話を聞く時には相手の話が終わるまで静かに聞くということが，難しいようだね」などの意見が出てきました。そこで行動支援計画の裏面を使って「ステキな話の聞き方」の授業を行い，話の聞き方を確認することとしました。また教師が話をしたい時に，「静かにして！」「聞きなさい！」と

（ステキな話の聞き方）の授業・指導案　　行動支援計画シート　教師用

3　授業計画・指導案

1　教える・高める行動

先生や友だちが話をするときは静かに話を聞く。

2　具体的な行動について考えましょう。
【いい例】
・すぐにステキな聞き方ができる。
・先生や友だちの話を聞く。
・ステキな聞き方を続けることができる。
・グーを見たらすぐにステキな聞き方をする。

【悪い例】
・チャイムが鳴っても静かにしていない。
・先生や友だちが話していても誰かと話す。
・グーを見てもステキな聞き方をしない。

	学習活動	授業の留意点
導入	・学習する内容と目的を伝える。 ・なぜ大切な行動かを考えさせる。 ・教師が行動のいい例・悪い例を演じる。	・ステキな聞き方が大切なことを教える。 ・どんな時に大切な行動かも考えさせる。
展開	・先生が演じた聞き方はどうでしたか？ ・ステキな聞き方にはどんなことが大切ですか？ ・ステキな聞き方の５つを伝える。 ①姿勢を正す，②他のことをしない ③相手の目を見る，④静かに話を聞く， ⑤言いたいことは，手をあげてあたってから	・自由に答えさせる。 ・発表したことを板書する。 ・「ステキな聞き方」の５つの項目をみんなで一緒に言わせる。
まとめ	・「ステキな聞き方」を練習するためのゲームをしてスキルを習得する。 （教師がグーを出したら，すぐにステキな聞き方をする練習を５回程度行って時間の短縮を体感させる。） ・授業の感想を発表させる。 ・普段の授業でもやっていくことを伝える。	・「ステキな聞き方」の５つの項目をみんなで一緒に言わせる。 ・タイマーを使って早くできていることを伝える。 ・上手にできている点を具体的に指摘してほめる。

いうネガティブな声かけを極力減らすために，話を聞く時の合図を決めることとし，私が以前取り組んだ研究（松山・沖原・田中，2022）を参考に「教師が手をグーにして挙げる」という合図にすることとしました。

このように学年でのポジティブ行動支援では，

> 学年の先生みんなでアイディアを出し合って行動支援計画を作成します。

③授業と実践の実際

はじめに，授業中において，先生や友だちが話をしている時に，すぐに静かに話を聞くことが難しい状況であることについて担任から各クラスの子どもたちに話をしました。どのクラスでも，子どもたちもそれを課題と感じている様子でした。学級の子どもたちと課題を共有し，それが改善することによるメリットについて，子どもたちから意見を出してもらいました。

> ・静かに聞いてくれると，自分の話を大事にしてもらえると感じる。
> ・早く静かになると，たくさんの友だちや先生の話を聞くことができる。

そこで，担任から話を聞く時の合図として，先生が「グー」をして手を上に挙げたら話を聞く時であること。そして，話を聞く時は「ステキな聞き方」をして，先生と同じく「グー」をすることを提案しました。これにより，教師は「ステキな聞き方」をしている子どもに注目しやすくなり，ポジティブな声かけがしやすくなるようにしました。

このような話の後，ステキな話の聞き方の授業を行い，「グー」の説明と練習をしました。その結果，練習ではありましたが，教師が話す時や友だちが話す時に教師が「グー」をすることで，素早く切り替えて，子どもたちも「ステキな聞き方」と「グー」をできるようになりました。

取り組みの効果を明らかにする「記録」は，学年の先生と話し合って，ステキな聞き方の姿ができているかどうかや，聞いているか否かの判断・記録をすることは授業中には難しいため，この実践では授業中に先生や友だちの

話を聞く時の「静かになるまでの時間」を調査をすることにしました。具体的には，授業中などで子どもが発表する際に話し始める際は，「○○さんが話します」と言い，それと同時にストップウォッチで静かになるまでの時間を計時し，記録していくこととしました。記録は１授業１回としました。

④記録に基づく行動支援計画の見直し

　取り組み（支援１）を継続し記録を取っていると，どのクラスでも２週間ほど経った時に，悪化していくことがわかりました。学年の先生との話し合いで，この問題について話し合いました。話し合いの中では，「この要因は様々だと考えられるが，『グー』を挙げていても，友だちと話をし続けてしまったり，自分のことをしてしまったりして，合図の効果が薄まったのではないか」や「静かに話を聞いたり，すぐに静かになったりしても，周りの子がザワついているなどして，メリットを感じられなくなっているのではないか」などの意見が出されました。そこで，行動支援計画を見直し，先行事象として，各教室の黒板にあるタイマーを利用して「静かになるまでの時間」を毎回伝えるタイムフィードバックを行うこと。そしてこれまでの「静かになるまでの時間」の推移を折れ線グラフで示し，継続的にグラフを書き足していくことで子どもたちのがんばりを可視化していく**グラフフィードバック**を行うこととしました。さらに，10秒以内に全員が静かにすることができたら折れ線グラフの点に「花丸」を書き入れ，その花丸が30個たまったら，各クラスで１時間の「お楽しみ会」をするという**トークンエコノミーシステム**を行うことにしました。ちょうど１学期の真ん中あたりで，学年でお楽しみ会をしよう！　ということを話していたので，その機会となるようにしました（支援２）。

　行動支援計画を見直し取り組んだ結果，どちらのクラスも改善され，お楽しみ会を実施することができました。取り組みが終わった後，「グー」もなにもしない状況で再度記録を取ったところ（フォローアップ），取り組み中の記録が維持されていることがわかりました。静かになるまでの時間の推移

のグラフと花丸の記録を子どもたちと共有することで，みんなでがんばることによって結果がよくなるということを実感することができました。また静かにすることが難しい子に対しては，ネガティブな声かけではなく，「どういう声かけをしたら，早く静かになれると思うかな？」と友だち同士でステキな姿が生まれやすくなるような声かけを考えたり，「グー」の合図で知らせ合ったりすることで，取り組み中の子どもたちはポジティブに関わり合う姿を見せてくれました。

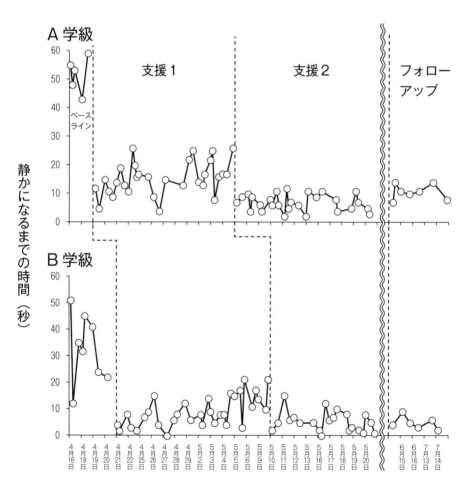

【取り組みの考察】

　記録を詳しく見てみると，ベースラインと支援１まではＡ学級よりＢ学級の方が全体的に静かになるまでの時間が早いことがわかります。この実践では，私がＡ学級の担任だったのですが，**記録の差異から「Ｂ学級の先生は，どのように子どもたちに関わっているのだろう」と気になり**，何回か授業を見させてもらいました。そこでは机間指導や授業開始時の立ち位置（よく話す子の近くに立っていた）や細やかな声かけや称賛の様々な言葉のレパートリーを学ぶことができました。**データを取ることによって支援・指導の効果が明らかになり，具体的な関わりに焦点を当てて指導のスキルを共有することができました。**

　また，**学年全体で取り組むことで，遠足や運動会などの学年での行事や学校行事において，共通の合図で指導することができる**ので，学校全体での運動会練習では４年生が一番早く切り替えることができ，校長先生から学年全体が褒められるということがありました。高学年の入り口で緊張していた子どもたちですが，校長先生の言葉に大変喜んでいました。

　フォローアップでは支援期よりはやや悪化したものの，授業に支障が出るものではありませんでした。これ以来，「グー」をすることがなくても，ある程度切り替えられるようになりました。それは，ただすぐに静かにすることを促していただけではなく，すぐに静かにしてステキな話の聞き方をすることは「話す人・聞く人を大切にする」「たくさんの友だちや先生の話を聞くことができる」というメリットを日ごろから伝えることができたからだろうと思います。

ポジティブ行動支援プラクティス

○学校の中で，ポジティブ行動支援を広めていくことができるきっかけを探してみましょう。
○学校全体の子どもたちを対象とした実践について計画してみましょう。
○子どもたちが主体となって取り組む実践を計画してみましょう。

学校全体で取り組む
ポジティブ行動支援
の導入

10章

学校全体でポジティブ行動支援に取り組もう！

本章のめあて

・学校全体のポジティブ行動支援の方法や手順を学ぶ。

・学校内でどのようにポジティブ行動支援を導入・展開していくかをイメージする。

・学校の中でデータ・実践のシステム構築の実際について学ぶ。

学校におけるポジティブ行動支援の手順

学校におけるポジティブ行動支援の導入手順は，大きく以下の通りです。

Step 1 ポジティブ行動支援チームを形成する

Step 2 学校の先生の合意を得る

Step 3 学校全体の望ましい行動表を作成する

Step 4 学校全体のデータ＆実践システムの構築

Step 5 ポジティブ行動支援の実行

学校全体のポジティブ行動支援の実践を進めていくために，まずはチームを形成します。学校の中でチームとしてポジティブ行動支援推進のリーダーシップを執っていくためにも，チームにはできれば管理職も入ってもらうと取り組みを進めやすいです。その他，メンバーには，例えば生徒指導（生活指導）の担当者や教育相談の担当者，またスクールカウンセラーなども入っていただき，可能であれば外部の専門家と連携しながら取り組むことが望ましいです。その専門家との連絡をとるための連絡役もメンバーには必要でしょう。

　これまでの私の経験では，学校内の校務分掌に位置づけたり，学校教育計画に位置づけたりすることによって，職員に対して周知しやすく，また教職員の異動があってもポジティブ行動支援を継続できることがありました。

> 　メンバーがそろっていなくても，まずは今いる複数のメンバーでチームを形成してみて，始めてみるということも大切です。

　何もかも完成するのを待っていては始まりません。まずは，できるところから，できることをやっていくということが大切です。

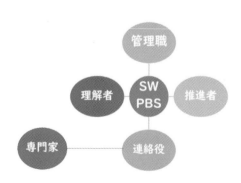

参考動画：学校規模ポジティブ行動支援（SWPBS）とは？（限定公開動画）
日本ポジティブ行動支援ネットワークの会員になることで視聴できます。詳しくはp.134をご参照ください。

Step 2　学校の先生の同意を得よう！

　この Step が一番鬼門であるわけですが，この手順を乗り越えることで，学校のすべての先生によるポジティブ行動支援を実現するための校内研修や実践計画の立案を行っていくことができます。先生方にポジティブ行動支援について伝える内容としては以下のようなものが考えられるでしょう。

> ・これまでに学校内で実践したポジティブ行動支援の効果
> ・学校内の現状とその問題の解決策の一つであること
> ・先生方のオリジナリティや教育観を尊重した実践であること
> ・フレームワークとして豊かな教育の発想と実現につながること

　本書ではボトムアップ型のスタンスで進めてきていますので，ここまで読み進められている先生は，何らかの実践の成果を生み出しているはずです。その成果を共有することで，同意を得やすくなるでしょう。また，学校の現状や問題に対する解決策の一つとして，ポジティブ行動支援を提案することも有効です。ポジティブ行動支援は，導入当初は行動表の作成やシステムの構築など，手間のかかることが多いものですが，

> 学校の中で機能していけば，負担感を軽減できる取り組みです。

　そのメリットを先生方と共有して，同意形成をしていただければと思います。
　また，学校全体でポジティブ行動支援に取り組むことは**目的**ではなく，学校のすべての先生が継続的に子どもたちのポジティブな行動に注目し，ポジティブな支援・指導をすることができるようにシステムを構築するための**手段**です。その点も先生方と共有していただければと思います。

Step 3　学校全体の"行動表"をつくろう！

　5章の学級環境づくりの一環として作成した「行動表」の学校全体バージョンのものを，先生方全員で作成しましょう。

①学校の目標に基づいたポジティブ行動支援の目標を決める

　学校全体の行動表の作成において大切なことは，

> 　学校の教育目標や校訓など，すでに学校の全員と共有できている目標と紐づけて作成する

ということです。先生方の指導の方向性がポジティブであることはもちろんのこと，学校で大切にされている目標とリンクしていることで，目標に基づいた行動に焦点を当てて，子どもたち・保護者を巻き込みながら子どもたちを支援していくことができます。しかし学校の目標の言葉をそのまま採用しては，子どもたちや保護者と共有することが難しい場合がありますので，学校に関わるすべての人と共有できそうなワードを選択したり，言い換えたりして目標を設定するといいでしょう。

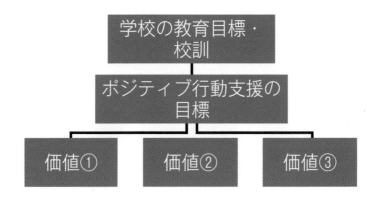

②学校における子どもたちのポジティブな行動を考える

　ポジティブ行動支援の目標を実現する価値に基づいて，学校における子どもたちのポジティブな行動を考えて行動表をつくります。価値と行動を決める手順は様々ありますが，目標からいくつかの価値を容易に考えられそうであれば，価値を決めてそれを実現する行動を決めます。目標から価値を考えることが難しい場合は，目標を実現しそうな行動を集約して，価値を考えていきます。行動表の作成で大切なことは，

> 行動表は，先生方全員の「願い」を集約し，整理する

ということです。

　先生方は多様な価値観と信念を持って各々が教育活動に取り組まれています。しばしば，学校がうまくいかないことの要因に，それぞれの先生方の熱意や思いは十分にあるにもかかわらず，学校としての方針が定まっていないために（定まっていてもうまく共有されていない），**先生方の力をうまく結束できずに，成果を生み出せない**ということがあります。行動表はそういった事態に陥らないために，先生方の教育に対する思いや願いについて語り合い，それらを**集約して全員で共有できるツール**となります。

　よって行動表の作成には十分な時間をかけて議論し，まとめていくことが求められます。この，先生同士の議論や語りは，学校全体のポジティブ行動支援のはじめの段階において，とても大切な時間となります。

先生方から集めた行動（数字は集まった数が多い順を表す）

仲間・自分を大切にする	やりきることを大切にする	ことばを大切にする
1 話をしっかりと聴く	1 わからなくても、やってみようとする	1 ていねいな言葉で伝える
2 優しく話す	2 わからなければ、聞く	2 あいさつをする
3 相手の立場に立って考える	3 苦手なことに取り組む	3 相手に伝わるように話す
4 違いを認める	4 あきらめずに取り組む	4 自分の考えを伝える
5 個性を受け止める	5 課題が終わるまで取り組む	5 思いやりのあることばを使う
6 学びを大切にする	6 時間中は集中する	6 ていねいなことばで友だちに伝える
7 成長する	7 時間中はがんばる	7 思ったことや気持ち、意見をしっかり伝える
8 拍手する	8 苦手な課題もあきらめずに取り組む	8 話を最後まで聞く
9 うなずく	9 字をていねいに書き続ける	9 授業中はていねいな言葉をつかう
10 班で協力して学習する	10 目標に向かって取り組む	10 相手の気持ちを考えてことばを使う
11 優しい言葉を使う	11 できないことをあきらめない	11 優しいことばで話す
12 友だちの意見を聴く	12 くりかえし練習する	12 〇〇くん、〇〇さんと呼ぶ
13 優しく友だちに注意する	13 片付けや準備をする	13 場面に合ったことばをつかう
14 時間を守る	14 苦手なことにあきらめずにチャレンジする	14 友だちの声を聴く
15 人の話を聴き、受け止める	15 片付ける	15 静かに話を聴く
16 わからない、教えて、と聞き合える	16 集中が切れても、もう一度やる	16 相手の気持ちを考えて話す

完成した行動表

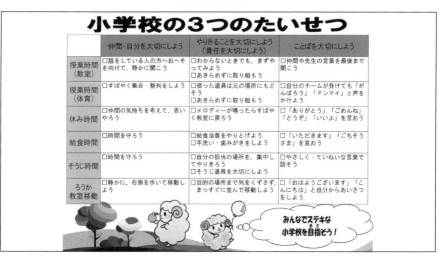

参考動画：第1層支援のためのポジティブ行動マトリクスの作成と活用（限定公開動画）
日本ポジティブ行動支援ネットワークの会員になることで視聴できます。詳しくは p.134をご参照ください。

学校全体の子どものポジティブな行動がどのくらい生まれているか，またその状況をモニタリングすることができる，データシステムを構築します。

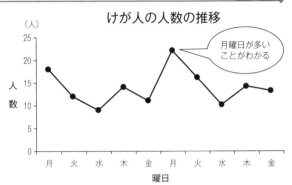

けが人の人数の推移

月曜日が多いことがわかる

・学校にある既存のデータを生かす

　学校では，様々なデータがあるはずなのですが，活用できる形になっていないことがよくあります。例えば，どんな学校にもあるデータとして，保健室の来室者データがあります。このデータを活用できる形に整理することで，ケガの状況や発生場所から行動の発生状況や傾向を把握することができます。

　保健室の来校者の内，学校内でのケガの人数の推移をグラフ化すると，どの曜日が多いのか，また，何時間目に多いのかなどの傾向を明かにすることができ，その予防や対応をより具体的に検討することができます。

　中学校や高等学校では，生徒指導のデータが充実していますが，このデータを日別の推移や事案内容を種別にグラフ化できる「生徒指導アプリ」がすでに開発されています（庭山，2021；大対，2022）。

・学校内での称賛・承認報告システムの導入

　学校で，子どもたちのポジティブな行動のデータを集めるために，先生が子どものステキな姿や学校における望ましい行動を称賛した記録を行っていきます。

　学校での ICT を利用した Google フォームで報告するという取り組みや，5章で紹介したポジティブカードと同様の紙のカードで行うというものがあ

ります。

Googleフォームを利用したシステムでは,

①報告した先生の名前,②日時,③曜日,④場所,⑤ポジティブな行動をした子どもの学年・組,⑥名前,⑦行動の価値,⑧行動の具体

を入力できるフォームを作成します。学校すべての先生が子どもたちのポジティブな行動を報告することで,子どもたちの行動のデータを集めることができますし,フォームの**回答結果のスプレッドシートをすべての担任の先生と共有する**ことで,学級の先生はその子どもに応じて称賛・承認することができます。

Googleフォームの利点は,日時や場所のデータがグラフ化され,ポジティブな行動の状況を詳細に明らかにすることができます。

例えば,「月曜日は全体的にポジティブな行動が少ないので,何か取り組みを行いましょう」や,「ろうかでのポジティブな行動が少ないのは,何か問題があるのかな」といった積極的・予防的な検討が実現します。

カードを利用したシステムでは,学校全体で教職員から子どもたちにカードに記入して承認・称賛を伝えます。カードの利点は,ナラティブに行動とそれに対する評価を伝えられるということ,また枝廣（2017）のカードを用い,半券を子どもが直接保護者に渡すことで,家庭において保護者から子どもに対するフィードバックが行われることを期待することができます。もう半券は学校で記録用に保管しておくために使用します。

カードを利用したシステムによって,カード自体が子どもたちのステキな行動に注目するための先行事象となるということ,カード

自体を掲示することで，そのカードに書かれた行動を広く子どもたちと共有することができるという利点があります。また，特に中学校・高等学校では，授業でしか生徒とのつながりがない中で，つながりを持つツールとして機能することが期待でき，多くの学校で導入されています（松山・三田地，2020）。もちろんポジティブカードと同様に学校全体で子ども同士によって承認・称賛し合うツールとして導入してもいいでしょう。

このほかには，ClassDojo（https://classdojo.com）や Class123（https://class123.ac）といった学級経営マネジメントツールを導入し，その学級ごとの記録を学校で集約することでデータシステムを構築することもいいでしょう。

参考動画：データに基づく意思決定（限定公開動画）
日本ポジティブ行動支援ネットワークの会員になることで視聴できます。詳しくは p.134をご参照ください。

学校全体の実践システムの構築

学校において，ポジティブ行動支援の実践を支えるシステムを構築します。まず，ポジティブ行動支援チームによって，ポジティブ行動支援の実践がスムーズに行われるために，どのようなスケジュールで行われるかの長期的な計画を作ります。そのためには，学校のスケジュールに基づいて，どのような行動に対する取り組みが，**どのような校務分掌や組織，学年によって取り組まれるのかを，年度当初や学期当初に整理しておく必要があるでしょう。**

学校全体のポジティブ行動支援は，9章で示した通り，委員会活動や児童会活動，また学年を主体とした取り組みが行われますが，まずはどんな取り組みであっても，学校目標・価値に基づいた行動であり，さらに行動支援計画を作成しながら計画することが望ましいです。

行動支援計画を作成した後，学校全体に共有するまでの手順を次頁に整理します。

①取り組みの担当者が行動支援計画を作成する。

②作成した行動支援計画を職員会議で全教員に配布し，担当者が取り組みの内容を説明する。

③先生方に，積極的に認めるなどの前向きなフィードバックをしてほしいポジティブな行動について説明する。

④③のポジティブな行動以外にも，先生方が取り組みに関連するポジティブな行動であると判断されたものには，積極的に前向きなフィードバックをしてほしいことを伝える。

⑤全員の先生方から「もっとこうした方がいいのでは」というアイディア等があれば直接担当者に伝えてもらい，適宜行動支援計画を修正する。

⑥特に改善等の提案がない場合は行動支援計画が承認されたこととする。

⑦取り組みの開始前に，校長先生に集会等で，取り組みの開始について子どもに話をしていただき，すべての教職員で取り組む。

⑧取り組みは，必ず取り組み前，取り組み中，取り組み後とデータを収集し，その結果を折れ線グラフで示して，全校児童および全教職員と共有する。

⑨取り組みの結果を集会等で子どもたちに発表し，校長先生より取り組みの成果とそこで見られた子どもたちのステキな姿について話してもらう。

⑩取り組み後は事後アンケートを行い，担当者にフィードバックを行う。

⑪担当者は事後アンケートを整理し，職員会議で共有する。

このような手順で，作成した行動支援計画を職員会議で提案し，すべての先生方とポジティブな行動とその支援計画について共有します。職員会議での提案を通して，先生方にも行動支援計画の作成に参画してもらい，学校全員による実践の実現を図ります。実践後は，すべての先生による事後アンケートの回答により担当者にもフィードバックがあります。事後アンケートの内容は①取り組みのよかった点，②取り組みの改善点，③取り組みの中で見られた子どものステキな姿と，それに対する先生の前向きなフィードバック，で行います。特に③では，教師の具体的なフィードバックの方法を集約することで，教師の子どもとの関わり方を共有することができ，学校全体としてポジティブな関わりを増やしていくことができます。担当者は事後アンケートの集約結果を先生方と共有することによって，学校全員に"やってよかった""やってよくなった"という経験を持ってもらい，ポジティブ行動支援に対してより積極的になってもらえるようサポートしていきます。

　このような手順を含むシステムを構築することで，行動支援計画を作成した担当者の先生には……，

・取り組み中，全教員の協力を得られる（前向きなフィードバック）
・取り組み中，校長先生の協力を得られる
・取り組み後は，全教員からフィードバック（事後アンケートまとめ）が得られる

担当者以外の先生には……，

・取り組みの内容を知って，取り組みに協力することができる
・取り組み中に，前向きなフィードバックを行うポイントが明確になる
・取り組み後に，他の先生の意見（事後アンケートまとめ）を知ることができる

というメリットがあります。

Step 5　学校全体でポジティブ行動支援に取り組もう！

　データシステムと実践システムをうまく生かしながら，学校全体でポジティブ行動支援に取り組んでいきます。

　実践システムがうまく軌道に乗ってくると，教師は職員会議でポジティブ行動支援の実践について共有しますし，実践の結果とフィードバックを受けることになります。また，子どもたちは全校集会などの機会に実践のはじまりを知ることでポジティブな行動に取り組むことができますし，その成果についてまた全校集会でフィードバックを受けることができます。

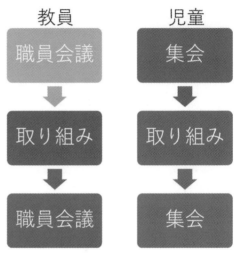

このような一連の流れで，学校全体で目標や価値を実現することができます。**すべての教師と子どもが，一つのポジティブな行動に焦点を当てて，ポジティブに高め合い，認め合っていくことができます。**

> 　学校全体が同じフレームワークで，同じ支援の方向性で子どもたちの成長を促進していくことは，学校において協働的な指導・支援の体制づくりを実現することにもつながります。

　ここまでポジティブ行動支援の実践を広げていく道のりには，様々な困難があると思います。しかし，子どもたち，保護者，そして私たち教師，学校に関わるすべての人が学校での教育活動を通して幸せを実感していくためにも，学校全体でのポジティブ行動支援を実現してほしいと願っています。

 ポジティブ行動支援プラクティス

○学校の先生方に，ポジティブ行動支援に取り組むことを提案してみましょう。

○学校におけるポジティブな行動を先生方と考えて，行動表を作ってみましょう。

○学校の中でのデータ・実践のシステムを構築しましょう。

○学級，学年，学校とポジティブ行動支援の実践をふりかえってみましょう。

あとがき

　本書を最後までお読みいただき，本当にありがとうございました。

　ここで記した実践は，すべて私が小学校教諭時代に取り組んだものです。実践に関わってくださった子どもたち，同僚の先生方，そして指導助言していただいた研究者の皆様に，感謝申し上げます。本書の執筆に携わって下さった明治図書出版の及川様，杉浦様，日本ポジティブ行動支援ネットワーク理事の皆様にも感謝申し上げます。ありがとうございました。

　2013年にアメリカ・シカゴの小学校でポジティブ行動支援と出会ってから10年が経ちました。あの頃はまだ，大学院博士課程に入学する前でしたが，よく広島まで勉強会に行っていました。その夜の懇親会で，のちの指導教員である栗原慎二先生が，アメリカ視察の話をされていて，その話に飛びついて同行させてもらったことによって，ポジティブ行動支援に出会うことができました。よく考えれば，学期途中で授業があるにもかかわらず，当時の校長先生は渡米を許可してくださいました。当時のクラスの子どもたちも，訳がわからないはずだったと思いますが，学年の先生方とともに快く送り出してくれました。こうして恵まれた中で，私のポジティブ行動支援の実践は始まりました。

　ここまで記しておきながらですが，私は根っからのネガティブ教員でした。子どもたちの問題行動ばっかり見て，ちょっとでもできていなかったら懇々と指導していました。問題がある指導もありました。しかし，ポジティブ行動支援と出会うことで，そういった指導に至ってしまった時に，すごく心が締めつけられ，自分を省みることができるようになりました。

　アメリカから帰国してから，当時のクラスの子どもたちに言いました。

「今までの先生の指導は，間違えていた。本当に申し訳なかった」
「これからはみんなのがんばっている姿，ステキな姿をもっと見ていく」

　この言葉から，私の指導観，価値観，そして教師としての生き方が大きく変わりました。それから10年が経ち，私は自分自身の学級経営の基盤としてポジティブ行動支援を実践することができました。
　幸せなことに，そのあとに勤務した学年・学校の先生方，さらにはコンサルテーションという形で，日本各地の小学校・中学校・高等学校の先生方とともに実践に取り組む機会に恵まれました。

　ポジティブ行動支援を実践する中で，「子どもも教師も，すべての行動には理由があり，変化していくことができる」ということを深く理解することができました。学校で出会うどんな子どもたちの姿に対しても，前向きに，肯定的に考えることができました。

　本書では，教師がポジティブ行動支援を理解し，自分の学級での実践を踏まえながら，同僚や学校全体で実践に取り組んでいけるように整理してきました。今，求められているチーム学校を，教師が主体となってつくっていく上で，本書は大きな役割を担えると思っていますし，その結果として，学校に関わるすべての人がポジティブ行動支援実践者となっていくことを願っています。

　私はポジティブ行動支援によって，教師という仕事が本当に楽しいと心から思うことができました。
　この本を読み終わった先生方も，同じ思いであれば光栄です。

　　　　　　　　　　　　　　　　　　　　　　　　　松山　康成

【協力してくださったポジティブな先生方（敬称略）】

・一色裕亮・安宅千夏・Kayin Jenny Chan（香里ヌヴェール学院小学校），上原佳太（豊見城市立ゆたか小学校）

【引用・参考文献】

・相川充（2009）『人づきあいの技術：ソーシャルスキルの心理学』サイエンス社
・赤坂真二（2015）『クラス会議入門』明治図書出版
・Class Dojo https://classdojo.com
・Class123 https://class123.ac
・Dunlap, G., Kincaid, D., Horner, R. H., Knoster, T., & Bradshaw, C. P. (2014). A comment on the term "positive behavior support." *Journal of Positive Behavior Interventions*, 第16巻 p.133-136
・枝廣和憲（2017）「ＰＢＩＳ実践で使えるカード・ワークシート集（p.90）」栗原慎二 編『ポジティブな行動が増え，問題行動が激減！PBIS 実践マニュアル＆実践集』ほんの森出版
・遠藤佑一・大久保賢一・五味洋一・野口美幸・高橋尚美・竹井清香・野呂文行（2008）「小学校の清掃場面における相互依存型集団随伴性の適用：学級規模介入の効果と社会的妥当性の検討」『行動分析学研究』第22巻，第１号，p.17-30
・Horner, R.H.,&Sugai, G.（2015）Shool-wide PBIS：An example of applied behavior analysis implemented at ascale of social importance. *Behavior Analysis in Practice, 8,* p.80-85
・池島徳大・松山康成（2014）「学級における規範意識向上を目指した取り組みとその検討："PBIS プログラム" を活用した開発的生徒指導実践」奈良教育大学教職大学院研究紀要『学校教育実践研究』第６巻 p.21-29
・池島徳大・松山康成（2015）「学級担任による特別な教育的ニーズのある児童への個別支援：PBIS システムにおける第２層支援の実現を目指した取り組み」奈良教育大学教職大学院研究紀要『学校教育実践研究』第７巻 p.53-61
・池島徳大・松山康成・大山貴史（2012）「サークル・タイムで築くクラスの中の共同性意識」奈良教育大学教職大学院研究紀要『学校教育実践研究』第４巻，p.61-66
・大久保賢一（2019）『行動問題を解決するハンドブック～小・中学校で役立つ応用行動分析学』学研プラス

・大久保賢一・辻本友紀子・庭山和貴（2020）「ポジティブ行動支援（PBS）とは何か？」『行動分析学研究』第34巻，第2号 P166-177
・大対香奈子（2022）生徒指導アプリ Windows 版　日本ポジティブ行動支援ネットワーク
・松山康成（2018）「児童会活動による学校全体のポジティブ行動支援　ビジュアル版行動指導計画シートの開発と活用」『学校カウンセリング研究』第19巻，p.25-31
・松山康成・枝廣和憲・池島徳大（2016）「子ども同士で感謝と賞賛を伝え合うポジティブカードの有効性の検討：対人的感謝と学校環境適応感に及ぼす影響」『ピア・サポート研究』第13巻，p.25-38
・松山康成・栗原慎二（2021）「他者理解を促進する「感情・体調共有ポケットチャート」の開発：新型コロナウイルス感染症流行下におけるミスコミュニケーション予防」『学習開発学研究』第13巻 p.79-85
・松山康成・沖原総太・田中善大（2022）「通常の学級における集団随伴性を含む介入パッケージが授業準備行動に及ぼす効果の検討：授業開始時の話の聞き方と準備物の用意の定着を目指した試み」『行動分析学研究』第36巻，第2号，p.139-148
・松山康成・三田地真実（2020）「高等学校における学校規模ポジティブ行動支援（SWPBS）第1層支援の実践：Good Behavior Ticket (GBT) と Positive Peer Reporting (PPR) の付加効果」『行動分析学研究』第34巻，第2号，p.258-273
・中井大介・庄司一子（2009）「中学生の教師に対する信頼感と過去の教師との関わり経験との関連」『教育心理学研究』第57巻，第1号，p.49-61
・日本行動分析学会 学校支援論文リスト
https://sites.google.com/view/behavior-analysis-school/
・日本ポジティブ行動支援ネットワーク
https://pbsjapan.com/
・日本ポジティブ行動支援ネットワーク公式チャンネル
・庭山和貴（2018）「PBIS のベースにある応用行動分析（p.19-24）」栗原慎二 編『ポジティブな行動が増え，問題行動が激減！PBIS 実践マニュアル＆実践集』ほんの森出版
・庭山和貴（2021）生徒指導アプリ　日本ポジティブ行動支援ネットワーク
https://pbsjapan.com/210413
・庭山和貴・松見淳子（2016）「自己記録手続きを用いた教師の言語賞賛の増加が児童の授業参加行動に及ぼす効果：担任教師によるクラスワイドな"褒めること"の効果」『教育心理学研究』第64巻，第4号．p.598-609

・Skinner, B. F.（1991）「罰なき社会」『行動分析学研究』第5巻，第2号，p.87-106

・島宗理（2019）『応用行動分析学：ヒューマンサービスを改善する行動科学』新曜社

・杉本任士（2016）「相互依存型集団随伴性にトークンエコノミーシステムを組み合わせた介入による給食準備時間の短縮：小学校1年生を対象とした学級規模介入」『行動分析学研究』第31巻，第1号，p.48-54

・竹島克典・田中善大（2019）「児童の抑うつ症状に対する学級規模の Positive Peer Reporting と集団随伴性の効果：社会的環境へのアプローチの試み」『認知行動療法研究』第45巻，第3号，p.115-124

・徳島県教育委員会（2017）H28年度版 かもっこスマイルプロジェクト 全校で取り組む「3つの大切」特別支援まなびの広場
https://manabinohiroba.tokushima-ec.ed.jp/wysiwyg/file/download/20/322

【著者紹介】

松山　康成（まつやま　やすなり）

東京学芸大学教育学部教育心理学講座 講師
1987年，大阪府生まれ。広島大学大学院教育学研究科修了。博士（心理学），公認心理師，日本ポジティブ行動支援ネットワーク理事。2009年より大阪府公立小学校教諭，2021年より私立香里ヌヴェール学院小学校教諭を経て現職。
主な著書に『いじめ予防スキルアップガイド：エビデンスに基づく安心・安全な学校づくりの実践』（共著／金子書房，2021年），『ポジティブ生徒指導・予防的学級経営ガイドブック：いじめ，不登校，学級崩壊を予防する問題解決アプローチ』（共著／明石書店，2020年），『ポジティブな行動が増え，問題行動が激減！ PBIS実践マニュアル＆実践集』（共著／ほんの森出版，2018年），『授業をアクティブにする！365日の工夫　小学5年』（明治図書，2017年）がある。

ホームページ　https://yasunarimatsuyama.jimdo.com/
Twitter　https://twitter.com/yasunariiiiiii

学校・学級が変わる！

はじめてのポジティブ行動支援
子どもと先生の笑顔が輝くアプローチ

2023年7月初版第1刷刊　Ⓒ著　者　松　山　康　成
2024年1月初版第3刷刊　　発行者　藤　原　光　政
　　　　　　　　　　　　　　発行所　明治図書出版株式会社
　　　　　　　　　　　　　　http://www.meijitosho.co.jp
　　　　　　　　　　　　　（企画）及川　誠（校正）杉浦佐和子
　　　　　　　　　　　〒114-0023　東京都北区滝野川7-46-1
　　　　　　　　　　　振替00160-5-151318　電話03(5907)6703
　　　　　　　　　　　　　　　　ご注文窓口　電話03(5907)6668
＊検印省略　　　　　　組版所 朝日メディアインターナショナル株式会社
本書の無断コピーは，著作権・出版権にふれます。ご注意ください。

Printed in Japan　　　　　　　　ISBN978-4-18-304921-6
もれなくクーポンがもらえる！読者アンケートはこちらから